Verlag Olle & Wolter

DDR – konkret

Geschichten und Berichte aus einem real existierenden Land

von

Thomas Auerbach
Wolfgang Hinkeldey
Marian Kirstein
Gerd Lehmann
Bernd Markowsky
Michael Sallmann

Druck: Oktoberdruck, Westberlin
Bindearbeiten: Stein, Westberlin
Umschlaggestaltung: Gisela Büchelmaier, Hamburg

ISBN 3 921241 39 1

Wir widmen dieses Buch unseren Freunden und Genossen, besonders Rudolf Bahro und Robert Havemann

Wie hoch die Werktore auch immer sein mögen,
heraus kommen sie immer gebückt.
Bertolt Brecht

Inhalt

Vorbemerkung der Autoren

Es gibt eine Bewegung in der DDR, die von oben kommt: Die Bewegung schreibender Arbeiter. Anfang der siebziger Jahre wurde für sie die Parole „DDR – konkret" ausgegeben. Eine verführerische Parole, wie wichtig, sie ernst zu nehmen. Es waren nicht wenige, die begannen, über sich und ihre Angelegenheiten zu schreiben. Diese Parole, von oben ausgegeben, war verlogen. Daß sie aber unten richtig falsch verstanden wurde, konnten die Herrschenden weder verstehen noch kontrollieren, als die Bewegung ihrer eignen Logik folgte.

Je konkreter unsere Texte wurden, desto konkreter und schärfer wurden die Zusammenstöße mit den Kulturbürokraten. Unser Buch hat nicht nur deshalb den Titel „DDR – konkret", weil ein guter Teil der Berichte und Geschichten in dieser Zeit entstanden sind, sondern weil dieser Anspruch für uns auch heute noch gültig ist.

Gut wäre, wenn unser Buch mithelfen könnte, Zugang zu einer Wirklichkeit zu finden, die voller Widersprüche und in Bewegung ist.

Bernd Markowsky
AN RICHARD LEISING

I

Du sparst dir die Worte
Vom Mund ab

Die Wahrheitshungrigen
Können sie dann in Gedichten auflesen

Die Tatendurstigen setzen sich
Hinter die Bücher

II

Manchmal lese auch ich
Traurig zwischen den Zeilen

III

Du bist kaum zu hören
Bei dem Lärm
Den du nicht machst

Du sagst: Nicht mehr lange . . .

. . . und wir schweigen uns tot
Sage ich

Wolfgang Hinkeldey
Der Hausmeister

Über Ostern 1916, während des Ersten Weltkrieges, fand in einem Jenaer Vegetarier-Restaurant eine Konferenz zur Koordinierung der sozialistischen Jugendbewegung in Deutschland statt, zu der Delegierte vieler Städte mit Karl Liebknecht zusammenkamen. Es war ein konspirativer Treff. Die Veranstaltung war dem Wirt des Hauses als Tagung vegetarischer Naturfetischisten gemeldet. Zum Schein, um beim Hauspersonal keinen Verdacht zu erregen, wurden Tafeln mit Schmetterlingen und dergleichen aufgehängt. Als weiteres Ablenkungsmanöver veranstalteten die Arbeiterjugend-Verbände ein großes Treffen in der zehn Kilometer entfernt gelegenen Kleinstadt Kahla mit viel Tamtam. Die Polizeikräfte Jenas wurden dorthin aufgeboten. Die Konferenz konnte ohne Zwischenfälle über die Bühne gehen.

Nach dem Zweiten Weltkrieg wurde dieses ehemalige Restaurant in den sechziger Jahren als Gedenkstätte dieser sogenannten Osterkonferenz ausgebaut. In der ersten Etage befindet sich ein Feierraum mit einem Grafikzyklus an den Wänden und einer bronzenen Liebknecht-Büste zwischen allerlei Grünzeug. Eine größere Anzahl Hocker bietet Sitzplätze. Hierher werden Schulklassen geführt oder Arbeitskollektive, die in ihrem Wettbewerb um den Titel „Brigade der sozialistischen Arbeit" den Punkt „Kulturelle Betätigung" noch nicht erfüllt haben. Zu Beginn des Besuches hält ein alter „Parteiveteran" einen kurzen Vortrag über die Bedeutung der Örtlichkeit. Schulklassen nehmen manchmal auch irgendwelche Weihen in der Stätte vor. Anschließend geht es hinunter in den großen Ausstellungsraum. Hier befindet sich in Vitrinen und an

Wandtafeln in Schrift und Bild eine chronologische Dokumentation der Konferenz, ihres geschichtlichen Hintergrundes und ihrer Auswirkungen. Auch der Widerstandskampf der Jenaer Magnus-Poser-Gruppe während der Hitler-Diktatur findet Beachtung, und am Schluß mündet die Ausstellung in Zuversicht ausstrahlende Fotos und heroische Parolen der FDJ, als der selbstverständlichen Erbin dieser revolutionären Vergangenheit. In der Mitte des Raumes steht eine alte Druckmaschine mit dem Druckstock eines illegalen Flugblattes aus der Zeit des Widerstandes.

Der Parteiveteran führt die Gruppe. Als ehemaliger Spanienkämpfer und Buchenwaldhäftling kann er viel erzählen. Er und sein Genosse, der Flugblätter gegen Hitler verteilte, im Geraer Gefängnis saß und dort ausbrach, ärgern sich über die bei jeder günstigen Gelegenheit durch den Ausgang verschwindenden Arbeiter oder Schüler. Letztere vergnügen sich auch schon einmal unter dem Gezeter einer blassen Lehrerin oder eines wütenden Lehrers beim Haschen um die Ausstellungstafeln.

Solche Führungen werden im Schnitt zweimal wöchentlich durchgeführt. Interessenten melden sich beim Hausmeister, der dieses Objekt betreut, die Anmeldungen aufnimmt und zum Termin einen Parteiveteranen bestellt. Außerdem hat er die Aufgabe, die Räume sauberzuhalten, die Topfpflanzen zu wässern und im Winter zu heizen. Kommen unangemeldete Besucher, übernimmt er die Führung und berichtet den Leuten, wie er's versteht.

Dazwischen ist viel freie Zeit für anderwärtige Beschäftigung. Der Hausmeister bringt sich Bücher mit, besorgt sich eine Schreibmaschine, schreibt Briefe, vervielfältigt – ganz in der Tradition seiner Gedenkstätte – literarische und politische Schriften, die offiziell verboten sind, ja, er schreibt ganze Bücher ab und sendet sie an seinen umfangreichen Bekanntenkreis. Die Gedenkstätte liegt in Jena an günstigem Ort. Während der Hausmeister sie bewacht, besuchen ihn seine Freunde. Sein Bürozimmer wird zum Treffpunkt. Sie sitzen zusammen, diskutieren, organisieren, verfassen Schriften. Die Studenten unter ihnen schwänzen ihre Seminare, die Arbeiter verbringen hier ihre Mittagspause. Im Regal steht ein Tonbandgerät, und ein Band mit Liedern von Biermann oder Pannach hat der Hausmeister immer dabei. Von den Bildern an der Wand lächeln Karl Liebknecht und Rosa Luxemburg herüber.

Marian Kirstein
Die Lösung

6.35 Uhr. Fünf Minuten zu spät. Hoffentlich merkts Wenzel nicht, gibts bloß wieder Pallaver. Tür auf ... geguckt: saubere Luft, schnell rin ins Lager. Mantel aus, Kittel an. Was liegt denn da schon wieder auf dem Tisch?

BITTE BESTELLEN SIE POLIERWEISS, -ROT UND -GRÜN.
22 UND 17 PECH, SOWIE 10 UND 27 SCHMIRGEL.
ABTEILUNGSLEITER WENZEL

Scheiße, war er doch schon hier; na egal, erst mal die Kanister rausschaffen, sonst kriege ich keine Chemikalien mehr.
„Hallo!"
„Ja, hier ooch Hallo, wat fehlt denn?"
„Ich brauche drei kleine und vier große Pollierlappen, Zellstoff und Schleifwatte."
„Wieviel? Ach ja, drei und vier. Wo sind die alten? Na bitte, ist ja allet da. Noch'n bißchen chic machn, fürn Meesta, wat? Naja, nischt geht übern schönen Spiejel."
„Sie machen mir Spaß, fürn Meister! Na, das fehlte noch! Ich bin froh, wenn ich den von hinten sehe."
„Hier ihr Zeug, ick muß schnell weg, Per, Tri usw. besorjen."
„Was ist denn das hier. Haben Sie das hingehängt?"
„Ja, ick dachte, den 73er Kalender können bestimmt schon alle auswendig und da könnte mal wat Neuet hin. Bin gleich wieda da, könn' Se sich ja mal durchlesen!"

Ich schmeiße die leeren Kanister auf den luftbereiften Wagen und renne durch die Abteilung. Als ich mich umgucke, denke ich, OSJ heeßt det nu hier.

Hundert Arbeiter, fünfundachtzig davon sind Frauen. Sie polieren nach Norm Prismen, um zu leben. Macht ihnen das Spaß? Interessiert sie das? Was interessiert sie? Das will ich wissen. Seit etwa zwei Monaten bin ich hier Lagerist. Ich sitze in meinem Lager, bestelle alles Mögliche, tausche Lappen und Handtücher und gebe Werkzeug aus. Ich habe keine Normen. Von den achtdreiviertel Stunden, die ich täglich arbeiten soll, bin ich zwei Stunden ausgelastet. Ja und dann? Ich lese viel, besonders Gedichte, hin und wieder schreibe ich einiges auf.

Als ich zurückkomme, steht Frau Muncas mit zwei Kolleginnen immer noch vor besagtem Spiegel.

Frau Muncas: „Sagen Sie mal, ist denn sowas bei uns nicht verboten? Das ist doch ganz schön scharf!"

„Verboten, wieso? Das ist doch Brecht und Braun, die sind bei uns verlegt."

Frau Bauer: „Ist das wirklich von denen?"

„Ja, wirklich, Brecht, Band III, Gedichte und Volker Braun aus dem Gedichtband ‚Provokation für mich'."

Frau Bauer: „Na da. Gucken sie sich mal unsern Meister an, den Radfahrer, nach oben buckeln und nach unten treten, das paßt doch wie die Faust aufs Auge mit der ‚Haltung'!"

Frau Seidel: „Naja, klar paßts, aber hilfts denn? Das hier ändert doch auch nichts, das ist doch schon immer so. Was sollen wir da auch machen?"

Frau Muncas: „Warum haben Sie denn das gerade hier neben den Spiegel gehängt. Da siehts doch gleich jeder? Wer weiß, was die da oben dazu sagen!" „Ick wollte doch, dasset jeder lesen kann und wir vielleicht darüber sprechen können, so wie jetzt!"

Nickend, skeptisch, aber auch lächelnd gehen die Kolleginnen wieder an ihre Arbeit. In diesen Tagen kommen mehr Frauen ins Lager als sonst. Sie verlangen Hartwachs zum Kitten, Schmirgel, Schalen, Spiritus und was weiß ich nicht alles. Wenn sie alles haben, stellen sie sich vor den Spiegel und lesen. Die Kolleginnen stehen oft vor dem Lager und reden lebhaft aufeinander ein. Es fallen auch Namen. Kurt sagt sogar: „Mensch Klasse, kommt endlich mal 'n bißchen Leben in den müden Haufen hier!"

Volker Braun

HALTUNG

Freilich wäre es besser, den Fallenden
Zu stützen. Aber wer stützt da uns?
Das ist nicht unser Fall!
Seht nur, wie er liegt, tatsächlich: schief!
Na, dem werden wir helfen!

MITTEILUNG AN DIE REIFERE JUGEND

Nein, die Bäume unserer Lust könnt ihr nicht konstruieren.
Zirkel und Lineal geben ein Plakat ab, nicht das Leben.
Unsere Vergnügungen sind zu groß, um sie in Serien zu
produzieren.
Unser Glück ist total: es läßt sich nicht ausrechnen.
Unsere Vorsicht vor uns ist vergeblich: wir sind maßlos.

Ach, verlernt es, an uns zu zweifeln: ihr zweifelt an
Ausgestorbenen!
Laßt die Zweige den Himmel ausspähn: dann ist der Baum
jung!
Malt nicht länger das Bild unserer Anstrengungen: strengt euch
an!
Kreidet uns nicht unsere Freiheiten an: seid frei!
Sprecht nicht länger über uns: sprecht mit uns!

(Aus dem Buch: *Provokation für mich* Gedichte
Mitteldeutscher Verlag Halle/Saale 1975
„Haltung" S. 69, „Mitteilung . . . " S. 17)

Bertolt Brecht

DIE LÖSUNG

Nach dem Aufstand des 17. Juni
Ließ der Sekretär des Schriftstellerverbands
In der Stalinallee Flugblätter verteilen
Auf denen zu lesen war, daß das Volk
Das Vertrauen der Regierung verscherzt habe
Und es nur durch verdoppelte Arbeit
Zurückerobern könne. Wäre es da
Nicht doch einfacher, die Regierung
Löste das Volk auf und
Wählte ein anderes?

(Aus dem Buch: *Gedichte* Band III
Aufbau-Verlag Berlin und Weimar
„Die Lösung" S. 396)

Eine Kollegin, gut frisiert, mit blauem Nylonkittel kommt ins Lager, geht zielgerichtet zum Spiegel und liest. „Was sind denn das hier schon wieder für neue Moden? Der spinnt wohl!" Ich huste gekünstelt. Darauf dreht sie sich um: „Hallo, Herr Lagerist?"
„Ja, womit kann ich denn dienen?"
„Was soll denn das hier sein? Haben Sie das etwa an den Schrank gemacht?"
„Ja, ick. Det sind zwee Jedichte von Volker Braun und eens von Bertolt Brecht. Steht ooch drunter!"
„Ich verlange, daß Sie die Dinger sofort wieder abmachen!"
„Warum? Wat is denn jejen Kultur am Arbeitsplatz zu sagen? Haben Sie die Jedichte denn überhaupt mal gründlich jelesen?"
„Darum gehts ja überhaupt nicht. Der Generaldirektor hat eine Anweisung erteilt, daß das Aufhängen von Plakaten ohne Genehmigung verboten ist, und außerdem, wo kommen wir denn da hin, wenn hier jeder anhängt, was er will!"

„Anweisung? Zeigen Sie mir doch mal bitte diese Anweisung."
„Zeigen? Was hier in der Abteilung aufgehängt wird und was nicht, bestimmen ja immer noch wir!"
„Wer ‚wir' ?"
„Wir? Naja . . . na, die staatliche Leitung. Ich soll Ihnen auch noch sagen, daß der Abteilungsleiter . . . Kollege Wenzel will auch, daß Sie das Zeug abmachen. Machen Sie das jetzt ab oder nicht?"
„Nee, ick sehe keen Grund. Wer sind Sie denn eijentlich?"
Die Kollegin dreht sich ohne zu antworten um und geht. Ich rufe ihr noch hinterher: „Ick bin übrijens der Meinung, daß die Kollegen jefragt werden müssen, wie ihnen die Arbeitsplätze jefalln!"

„Was hat denn die schon wieder zu meckern?"
„Ja, ick weeß ooch nicht, Frau Mertens. Sie sagt, ich soll die Jedichte abmachen."
„Mensch, seitdem die den Posten bei der Partei hat, muß se auch überall rumschnüffeln und meckern."
„Wat fürn Posten?"
„Na, die ist doch Parteiorganisatorin oder sowas. Machn Se sich mal keen Kopp."

Einige Minuten später läuft mir leicht erregt Kollege Wenzel über den Weg: „Ach, Herr Kirstein, da sind Sie ja. Was soll denn das, machen Sie doch endlich die Zettel ab."
„Aber Herr Wenzel, warum denn?"
„Na ja . . . also weil . . . in der Arbeitsordnung stehts, jawohl . . . verboten, ja, das ist nämlich verboten, also machen Sie's schon ab."
„Aber Kollege Wenzel, warum kommen Sie denn jetzt damit? Ick habe die Arbeitsordnung ooch jelesen. Da steht sowat nich drin. Det stimmt doch janich."
Schulterzuckend dreht er sich um und verschwindet. Ich werde noch am gleichen Tag ins Abteilungsleiterzimmer beordert. Als ich ins Büro komme, warten schon die Parteigruppenorganisatoren, die Parteisekretärin und der Abteilungsleiter auf mich. Eine peinliche Situation für meinen Chef, daß die staatliche Leitung und die Parteileitung nicht ein und dieselbe Person sind, denn Wenzels Kolleginnen stehen auf der Leiter der staatlichen Hierarchie weit unter ihm, wogegen sie in der Parteihierarchie über ihm agieren. Mir wird die Weisung erteilt, die Gedichte zu ent-

fernen, weil ich damit ja nur die Kollegen aufwiegeln und somit den Arbeitsfrieden stören wolle. Aus der Arbeitsordnung Punkt XI, Abs. 15 gehe ja auch eindeutig hervor, daß mein Verhalten nicht statthaft sei.

Aus der
ARBEITSORDNUNG DES VEB CARL ZEISS JENA

XI

Die Betriebssicherheit und Ordnung

10. Alle Leiter sind verpflichtet, jedes Schriftgut auf die Notwendigkeit der Geheimhaltung zu prüfen und an Hand der bestehenden Nomenklaturen die entsprechende Geheimhaltungsstufe festzulegen.

. . . .

15. Der Aushang von Plakaten innerhalb des Betriebes bedarf der Genehmigung durch die Direktion B. In den Werken und Betrieben liegt die Verantwortung bei den Leitern der B-analogen Bereiche. Der Plakataushang darf nur an den dafür vorgesehenen Stellen vorgenommen werden.

. . . .

XV

Die disziplinarische und materielle Verantwortlichkeit

11. Bei schweren Verfehlungen kann der Werktätige durch den Disziplinarbefugten vorübergehend von der Ausübung seiner Tätigkeit beurlaubt oder mit der Ausübung einer anderen Tätigkeit betraut werden, wenn dies zur Aufklärung des Sachverhalts und zur Entscheidung über die Einleitung, Führung und den Abschluß eines Disziplinarverfahrens notwendig ist bzw. wenn dies der Schutz des Betriebes erfordert.

Meine Forderung nach einer Diskussion mit allen Kollegen wird verweigert. Ich lehne die mir erteilte Weisung ab. Am Freitag sind die Gedichte plötzlich verschwunden. Ich hänge sie wieder an, diesmal aber mit Leim und Reißzwecken. Als ich am Montagfrüh ins Lager will, stürmt

mir Paula mit ihrem Schrubber und Besen, nebst Scheuerlappen und Eimer entgegen.
„Du sollst nicht das Lager betreten!" ruft sie und baut sich vor mir auf.
„Ick soll nich . . . ? Wat is los?"
Wie um ihre Worte zu bestätigen, guckt und zeigt sie nach oben, wo der Abteilungsleiter sitzt und wiederholt in fast warnendem Ton: „Wenzel hat mir gesagt, ich soll dir sagen, daß du nicht ins Lager darfst." Ich blikke flüchtig ins Lager. Die haben tatsächlich wieder versucht, die Geschichte abzurupfen. Die Reißzwecken sind weg und die Ränder sind ein bißchen ausgefranzt, aber die Gedichte hängen noch. Während ich verblüfft auf den Schrank stiere, sage ich: „Komm Paula, hör mit deinen Märchen uff, ick muß ma umziehn und die Kanister rausschaffen."

Als ich an Paula vorbeigehen will, steht plötzlich Wenzel neben mir.
„Hat Ihnen Paula nicht gesagt? Sie dürfen das Lager nicht betreten! Beschäftigen Sie sich vorläufig mit etwas anderem."
„Ja . . . Paula . . . klar, warum nicht betreten? Mit wat beschäftjen, wat soll denn det, wat hab ick denn jemacht?"
„Darüber reden wir später noch. Nehmen Sie sich von mir aus einen Besen und fegen Sie aus oder sonstwas."
„Ausfejen? Und Paula? Soll ick ihr die Arbeit wegnehmen? In meinem Arbeitsvertrag steht doch ‚Lagerist'!"
„So, Sie wollen sich also schon wieder mal weigern. Arbeitsverweigerung?! Na, Sie werden schon sehen, was Sie davon . . . "
„Wieso ick? Wer verweijert denn hier wem die Arbeit?"
Er schließt das Lager ab und geht. Noch immer im Mantel, stehe ich keine zwei Minuten in der Halle, als mich ein älterer Kollege anspricht:
„Sag mal, willst du hier ein Arbeiterdenkmal abgeben? Wir arbeiten hier auf Leistung. Zeit ist Geld und Geld haben wir nich. Also komm, beweg dich mal, zieh deinen Frack aus und gib mir Schleiflappen und Schmirgel, damit ich anfangen kann."
„Ick kann Ihnen nischt jeben. Der Chef hat mir verboten, det Lager zu betreten."
„Wieso?"
Ich zucke mit den Schultern: „Müssen Se'n mal fragen. Vielleicht sagt er's Ihnen, mit mir will er erst später drüber reden."
„Der spinnt wohl! Soll ich mir meine Lappen selbst stricken? Ich möcht' wissen, was dem manchmal durchn Kopf geht. Wer bezahlt mir denn die Ausfallzeiten!"

Er geht in Richtung Büro. Kurz danach ist das Lager wieder offen. Paula muß jetzt das Material ausgeben. Ich werde ins Büro gerufen. Vorher gehe ich nochmal ins Lager. „Du darfst doch nicht . . . ", kommt mir Paula entgegen. „Ick weeß", antworte ich und nehme zwei Zettel aus meiner Tasche. Über den Spiegel zwecke ich in großen roten Buchstaben WORTMELDUNG ZUM IX. PARTEITAG. Unter die Gedichte kommt ein Interview mit Volker Braun zu den Dokumenten des IX. Parteitages. „Is aus dem ND", sage ich zu Paula und gehe.

Als ich ins Chef-Zimmer eintrete, werde ich auffallend von zwei neuen Augen gemustert. Ich gucke fragend zum Abteilungsleiter. „Das ist der Herr Bereichsleiter, die anderen zwei Kolleginnen kennen Sie ja schon", erklärt Wenzel. Da sitzen sie nun vor mir, gar nicht mehr so friedlich und überlegen aussehend. „Haben Sie die Zettel nun abgemacht?" fragt mich die Parteigruppenorganisatorin.
„Nee, warum? Ick hab noch een Interview aus dem ND mit Volker Braun dazugehängt. Det kenn' Se ja bestimmt."
Die Parteisekretärin: „Aber wir haben Ihnen doch gesagt . . . "
„Ja, Arbeitsordnung und Anweisung des Generaldirektors besagen, daß es verboten ist, Plakate ohne Genehmigung aufzuhängen. Sie haben mir ooch noch jesagt, daß Sie hier immer noch bestimmen, wat hier anjehängt werden darf und wat nich. Sie haben mir aber nich jesagt, wer Kultur am Arbeitsplatz wie Brecht und Braun verbietet. Sie haben ooch nich jesagt, daß außer diesen drei Jedichten noch etwa 160 unmögliche und mögliche Sachen von Aktbildern und Witzen über Fotos und Postkarten bis zu Plakaten in der Abteilung hängen, an denen Se sich anscheinend nich stoßen. Wie kann Sie da Braun und Brecht störn? Im ND werden ihre Werke als ein wesentlicher Bestandteil unseres sozialistischen Kulturerbes anerkannt und jewürdigt und Sie, Genossin Parteisekretärin, wollen mir einreden, daß ick mit den Jedichten die Arbeiter ufwijel und so also den Arbeitsfrieden störe. Wenn Sie der Meinung sind, daß diese Jedichte die Kollegen störn, warum dann diese ständigen Rundtischjespräche? Warum wehren Sie sich dann gegen die öffentliche Auseinandersetzung? Wer hat denn hier eijentlich die Macht über wen? Haben die staatlichen Leiter oder der Generaldirektor wirklich det Recht, administrativ über unsere Belange zu entscheiden, ohne uns selbst zu fragen? Ick denke, wir sind een Arbeiter- und Bauernstaat?! Laut ND existiert bei uns der Sozialismus doch real." Jetzt schaltet sich der Bereichsleiter ein: „Denken Sie also? Was Sie denken, ist jetzt uninteressant. Was im

ND steht, wissen wir selbst, da brauchen Sie nicht erst zu kommen. Sie haben die Anweisungen Ihres Abteilungsleiters nicht ausgeführt – darum gehts jetzt und um nichts anderes." Wenzel sieht hilflos von einem zum anderen, mit der Hoffnung in den Augen, daß doch dieses Gespräch, bei dem er immer nur nickt, bald beendet ist. Die Parteisekretärin und die Parteigruppenorganisatorin blicken abwechselnd den Bereichsleiter und mich an. Der Bereichsleiter spricht unterdessen weiter: „Sie machen also die Zettel nicht ab?"

„Nein."

„Na schön, wie Sie wollen. Nehmen Sie Ihre Sachen, fahren Sie ins Hauptwerk und melden sich dort beim Kaderleiter. Kommen Sie nicht auf die Idee, nochmals die Abteilung zu betreten. Sie können gehen, Herr Kirstein."

„Wat soll ick denn beim Kaderleiter, der is doch wohl für Personalfragen und nicht für Jedichte zuständig?"

„Das werden Sie noch früh genug erfahren. Fahren Sie jetzt los. Hier Ihr Passierschein."

„Ick fahre. Aber wissen se, Jenosse Bereichsleiter, ick habe jerade ihr Parteistatut jelesen und da würde mich wirklich mal intressieren, wie Se det mit ihrm Ufftreten mir jejenüber vereinbaren können oder wolln."

O je. Hätte ich das bloß nicht gesagt. Als ich aufstehe, um den Raum zu verlassen, blicke ich in empörte Gesichter. Beim Herausgehen höre ich noch das überdrehte Lachen der Parteisekretärin und wie sie mir wütend hinterherschreit: „Eine Unverschämtheit, uns sowas zu sagen, haben Sie als Parteiloser überhaupt kein Recht. Wir kennen unser Statut schon. Was bilden Sie sich ein . . ."

Die Tür ist längst zu, die Worte hallen unbeachtet durch den langen, grauen Flur. Bis ich um die Ecke biege, höre ich noch ihr wutverzerrtes Gegeifer. Zu verstehen ist längst nichts mehr. Jetzt hab ick aber die Schnauze voll, ick jehe zur Gewerkschaft, die müssen mir helfn. Als ich im Hauptwerk ankomme, mache ich mich daran, in diesem riesigen trostlosen Labyrinth die Gewerkschaftsleitung zu suchen. Nach zwanzig Minuten Umherirren und Fragen finde ich endlich den Kollegen der Gewerkschaftsleitung, der für den Bereich O (Optik) zuständig ist. Diesem Kollegen schildere ich den gesamten Vorgang noch einmal haargenau und gebe ihm die Gedichte, samt den Originalausgaben. Er liest sie, ein zweites und ein drittes Mal. Als er von den Büchern hochsieht, sage ich: „Der Bereichsleiter hat jesagt, ick solle mich hier beim Kaderleiter melden." Er schüttelt den Kopf und erwidert mit runzelnder Stirn: „Also ganz so gehts ja nun auch nicht. Ich komme am besten gleich mal mit."

Die Kaderleitung befindet sich zwei Türen weiter. Als wir eintreten, begrüßen sich der Kaderleiter und der Kollege von der Gewerkschaft wie alte Freunde: „Na, Manfred, auch mal wieder hier. Wo brennts denn?"

„Der Kollege hier soll sich bei dir melden. Was ist denn los bei denen da unten in OSJ, da ist doch wohl was nicht ganz richtig gelaufen."

„Ach, Herr Kirstein, setzen Sie sich doch einen Augenblick", sagte der Kaderleiter und weist auf den Sessel des Nebenzimmers. Hinter mir wird die Tür geschlossen. Einige Minuten vergehen, bis beide den Raum betreten und sich mir gegenübersetzen. Der Kaderleiter legt einen Zettel auf den Tisch und beginnt sofort mit entschlossener Miene:

„Sagen Sie mal, Herr Kirstein, was denken Sie eigentlich, wofür wir Sie bezahlen. Aus dieser Liste hier geht hervor, daß Sie des öfteren zu spät zur Arbeit kommen, die Pausen überziehen und ähnliches mehr. Da müssen wir mal ein ernstes Wort mit Ihnen reden. Meinen Sie etwa, für Sie als Lagerist treffen die Bestimmungen über Arbeitsdisziplin nicht zu? Hören Sie mal genau hin, und dann sagen Sie mir mal Ihre Meinung dazu."

Als er mit dem Vorlesen fertig ist, blickt er mich finster an: „Von November bis Januar – früh viermal zu spät und diverse Male die Pause überzogen. Es wird wohl Zeit, daß Sie sich mal grundlegende Gedanken zur Änderung Ihrer Arbeitseinstellung machen."

Ich bin verwundert über den unerwarteten Verlauf des Gespräches und gucke fragend zum Gewerkschaftskollegen. Der sieht sofort weg. Es entsteht eine bedrückende Pause.

„Haben Sie denn gar nichts dazu zu sagen, Herr Kirstein?" fragt der Kaderchef.

„ Ja . . . doch schon, aber ick bin doch wejen den Jedichten hierher jeschickt worden. Wat is denn nu damit? Und warum darf ick als Lagerist det Lager nich mehr betreten?"

Ich gucke beide verständnislos an.

„Ändern Sie schnellstens Ihre Arbeitseinstellung, dann ist alles in Ordnung. Die anderen Angelegenheiten sind inzwischen geklärt. Wenn Sie in Ihre Abteilung zurückkommen, können Sie auch wieder in Ihr Lager."

„Na, prima", erwidere ich kühl.

„Haben Sie Ihren Passierschein?"

„Ja, hier."
„Lassen Sie sich von meiner Sekretärin die Zeit eintragen und fahren Sie zurück ins Südwerk."

Vorbei an fragend aufblickenden Kollegen gehe ich eine halbe Stunde später ins Lager, ziehe mich um und fülle Bestellscheine aus.
„Kollege Kirstein?" ruft jemand.
Ich stehe auf und gehe vor. Ach, Wenzel.
„Kollege Kirstein, kommen Sie doch bitte nochmal hoch ins Büro. Nein, nein, nicht gleich, machen Sie erst mal Mittag."
„Ja, is jut", antworte ich mit einem Blick auf die Uhr. Tatsache: Mittag, zehn vor eins schon. Als ich zur Pause gehen will, bemerke ich, daß eine große rosarote Pappe an den Schrank geheftet ist. Sogar der Spiegel ist verdeckt. Wütend reiße ich die Pappe runter, schmeiße sie zerrissen in den Abfallkübel und gehe essen.

„Mahlzeit", sage ich beim Eintreten ins Büro. „Mahlzeit", wird mir leise murmelnd erwidert. Ich sehe die Parteigruppenorganisatorin, den Abteilungsleiter, die Parteisekretärin, den Bereichsleiter und eine unbekannte Kollegin, die mir später als ein „Gewerkschaftsvertrauensmann" der Abteilung vorgestellt wird.
„Nehmen Sie doch Platz, Kollege Kirstein", fordert mich der Bereichsleiter freundlich auf. Widerwillig und noch sauer wegen der Pappe setze ich mich und zünde mir eine Zigarette an. Der Bereichsleiter bricht endlich die schon peinliche Stille: „Also, über Ihre Arbeitsdisziplin wollen wir jetzt nicht reden, das hat ja schon der Genosse Kaderleiter getan. Aber, Kollege Kirstein, erklären Sie uns doch mal bitte, weshalb Sie eigentlich die Gedichte im Lager angehängt haben."
„Wat . . . wat ham Se jesagt? Entschuldijen Se, aber ick habe den Inhalt Ihrer Frage wohl nich janz verstanden. Könn' Se det vielleicht nochmals wiederholn?"
„Wir möchten wissen, warum Sie die Gedichte angeklebt haben", wiederholt die Parteisekretärin.
„. . . ja . . . anjeklebt deshalb, weil die Reißzwecken wahrscheinlich rausjefallen sind und die Jedichte spurlos verschwunden warn. Und weil ick eijentlich wollte, daß alle Kollejen Brecht und Braun lesen können, mußte ick se eben ankleben. Wie Se bestimmt wissen, bin ick noch nich lange hier und sitze die meiste Zeit alleene im Lager. Ick wollte einfach mit den Kollejinnen und natürlich ooch Kollejen int Jespräch kommen,

se kennenlernen. Außerdem dachte ick mir, daß sich vielleicht der eene oder andere für Jedichte intressiert. Ja, det is eijentlich ooch schon allet."

„Na, Herr Kirstein, warum haben Sie uns das denn nicht gleich so gesagt? So sieht das doch schon ganz anders aus. Da hätten Sie auch eine Wandzeitung für die Kollegen gestalten können. Sehn Sie mal, wir lesen doch auch die Zeitung und das Interview mit dem . . . wie heißt er doch gleich?"

„Volker Braun", wirft die Gewerkschaftsvertrauensfrau ein.

„Ach ja, Braun. Danke. Das war wirklich gut, aber . . . naja, wenn Sie auch gleich mit dem Kopf durch die Wand wollen, kann es schon mal zu Mißverständnissen kommen. Was ich sagen wollte, ist nur, wenn Sie mal eine Wandzeitung – beispielsweise über Brecht – machen wollen, dann ist das doch kein Problem, Sie müssen uns vorher nur *richtig* informieren. Das war's eigentlich, Kollege. Und ich hoffe, daß Sie in Zukunft genauso pünktlich sind wie die anderen Kollegen. Was sollen die denn sonst von Ihnen denken. Da hängt er erst solch gute Gedichte von Brecht und . . . und Braun an, und dann? Überlegen Sie sich das doch mal. – Ach, was ich Ihnen noch sagen wollte: Sie werden demnächst in eine unserer Gewerkschaftsgruppen eingegliedert. Natürlich können Sie in diesem Kollektiv auch über Brecht und Braun sprechen."

Ich konnte nur nicken. Was sollte ich auch dazu noch sagen?

Einige Kollegen kamen anschließend ins Lager und wollten wissen, was los war. Über den Ausgang der Angelegenheit amüsierten sie sich. Die Parteigruppenorganisatorin und die Parteisekretärin wechselten kein Wort mehr mit mir. Kurze Zeit später wurde der Abteilungsleiter, Kollege Wenzel, wegen „mangelndem Durchsetzungsvermögen" zum Meister degradiert und in eine andere Abteilung versetzt.

Wolfgang Hinkeldey
LEHRE MIT SECHZEHN

In Jena, im Sommer sechzig und acht
Hatte die Schulzeit ich rumgebracht
Und wollte verreisen, was anderes sehn
Fürs Geld dazu mußte ich arbeiten gehn

Ich ging mit dem Vater, der Dachdecker ist
Paar Wochen auf Arbeit, dort stand ein Gerüst
Ums Haus der Kreisleitung jener Partei
Von der ich hörte, daß sie die der Arbeiter sei

Wir rissen das Dach ab und deckten neu ein
Doch durften wir nicht ins Gebäude hinein
Für uns war das Treppenhaus leider passe
Zum Frühstück, nach Werkzeug, mittags, zum Tee
Mußten wir klettern übers Gerüst –
Da ahnte ich schon, wessen Haus das ist

Gehört es doch denen, die sich amüsierten
Mit spöttischer Miene mein Klettern studierten
Sie standen am Fenster, ich konnte sie sehn
Und ihnen den Arsch meiner Hose zudrehn

Wolfgang Hinkeldey
APHORISMUS

Wenn die Eisblöcke den Sonnenstrahl preisen
muß eine große Kälte in der Luft liegen.

Gerd Lehmann
Aktion Schneeflocke

Der 25. Jahrestag der Republik stand vor der Tür. Landesweit entblätterten sich Aufrufe, und ein pausenloser Verpflichtungshagel prasselte nach. Die Leitung, allen voran Abteilungsleiter Joch, verfiel in Legehennen-Haltung, und die Sitzungen im 13. Stockwerk des Hochhauses häuften sich. Gerhard, der vor einiger Zeit durch Beschluß der Leitung zum Brigadier berufen wurde und seitdem öfter „oben" zu tun hatte, berichtete davon und schloß mit den Worten: „Irgendwas brüten die wieder aus".

Tatsächlich war in den vergangenen Wochen Aufsehenerregendes passiert. Joch hatte mit einem über hundert Seiten umfassenden Programm zur Durchführung des sozialistischen Wettbewerbs der etwa 80-köpfigen Abteilung und mit seinem später an den gesamten Betrieb gerichteten Appell, sich diesem anzuschließen, Verblüffung und Lachsalven ausgelöst und Äußerungen provoziert wie: „Ich sage euch, der kommt noch mal ganz groß raus; und das auf unsere Kosten!" oder: „Wer soll denn mit solch einem Papierhaufen noch zum Arbeiten kommen. Die haben doch ein Ding zu laufen".

Obwohl das noch gut in Erinnerung war, waren sich die meisten Handwerker einig, daß neue Extravaganzen bevorstanden. Drei Wochen vor dem Festakt ging es los. Joch begab sich öfter als gewöhnlich mit dem Fahrstuhl aus der Leitungsetage (13. OG) hinab in den Keller, wo er Schlosser, Klempner und Anlagenfahrer in ihren Werkstätten aufsuchte, kumpelhaft mit ihnen schwatzte, um dann nach und nach mit seinen Absichten herauszurücken. Die Schlosser bekamen reichlich Material zur Verfügung gestellt, und Karl, der als ausdauernder Schwarzarbeiter bekannt war, ritt Tag für Tag Überstunden, um die von Joch geforderten Gestelle und Verkleidungselemente rechtzeitig fertigzustellen. Die Elektriker bastelten nach Jochs Erscheinen an schmiedeeisernen Laternen und anderen pompösen Lichtquellen herum. Kurt, der Tischler, war nur noch selten ansprechbar, weil ihn Joch durch seine andauernden „Begehungen" und Nachfragen, ob es denn mit dem Bau der Theke und der Barhocker vorangehe, zusehends reizte. Im „Buschfunk" kursierte die Nachricht, daß Joch die betriebseigene Schneiderei mit diversen Stoffen beliefern ließ, um Vorhänge und Gardinen anfertigen zu lassen. Dennoch war auch in dieser Zeit die Schwarzarbeit nicht totzukriegen. Die Umstände waren günstig, denn Joch drückte beide Augen zu. Und trotz der von ihm geschürten Hektik gab es genug Anlässe zum Lachen. Das gipfelte in dem von Lothar, dem von allen Handwerkern verehrten Dichter, in Umlauf gebrachten Namen für diese Unternehmung: „Aktion Schneeflocke – wie begonnen, so zerronnen!"

Aber Joch war noch beim Auftakt. Er trommelte die Betriebskabarettgruppe zusammen, in der Leute aus den Werkstätten sowie der Leitung und Verwaltung mitspielten, und drängte sie zu einem Programm. Auch ließ er es sich nicht nehmen, selber die Rolle eines im Programm auftauchenden Engels zu spielen, die ihn zum Mittelpunkt des Gelächters machen sollte. Denn er gehörte zu den Vorgesetzten, die derlei in die Rubrik „Volkstümlichkeit" – ein bißchen Spaß muß sein – einordnen, Hauptsache, es fördert die Popularität.

In den letzten Stunden der Festvorbereitung machte sich bei den Handwerkern eine allgemeine Ermüdung und Lustlosigkeit breit. Joch ließ reichlich Bier ranschaffen und versprach den Leuten, die nach Feierabend weiterarbeiten würden, erhöhte Stundenlöhne, die er aus Prämiengeldern bestreiten wollte. So verwandelte sich der Kantinenraum des Betriebes durch die Ackerei der Kollegen Stunde um Stunde in das Bild, das sich Joch ausgemalt hatte. Er, der sonst auf dem öden Regiestuhl eines technischen Bereiches saß, war jetzt der Ensemble-Leiter einer Kitsch- und Kunstgewerbe produzierenden Abteilung geworden, und das lag den Träumen des Mannes viel näher, der einmal hatte Künstler werden wollen. Diesen Rest Idealismus unterwarf er nun cleveren Zwecken, und das verlieh ihm Ausdauer. Denn bis zum letzten Hammerschlag begutachtete er alle Vorbereitungsarbeiten, organisierte, gab sich freundlich, witzig und lässig und war überhaupt die verkörperte Selbstlosigkeit. Das Fest begann.

Nach der Begrüßungszeremonie, bei der Joch den stellvertretenden Rektor sowie jeweils einen Vertreter der Partei- und der Gewerkschaftsleitung besonders hervorhob, hielt er eine geschmeidige Rede und eröffnete sodann, durch die spürbare Unruhe getrieben, die Feierlichkeiten mit der Freigabe eines mehrere tausend Mark kostenden kalten Büfetts. Die Handwerker packten sich ordentlich die Teller voll und ermunterten ihre Frauen, gleiches zu tun. Das Grüppchen der Leitung, die mit ihren Angehörigen einen Kreis für sich bildete, wahrte Würde und Anstand und drängte erst nach und nach zu den Auslagen. Joch raffte sich noch einmal auf, verkündete den unterhaltenden Teil des Abends und wies auf das folgende Kabarett-Programm hin. Es wurde ein Erfolg für die Truppe und Joch kam auf seine Kosten: Der Applaus nach seinem Auftritt zog sich in die Länge. Nach einer kurzen Pause schlug Joch den Gong für die Eröffnung der Bar. Das nicht eingeweihte Publikum rauschte in den freigegebenen Raum und brach in Ah- und Oh-Rufe aus – die Frage nach dem Initiator ging durch die Menge. Joch saß gelassen an einem Tisch der Bar und musterte die Gesellschaft, die jetzt fasziniert die biederen Sitznischen, die rosafarbenen Vorhänge und überdimensionalen Wolkengardinen, die Laternen und Leuchten bestaunte, mit all dem protzigen Zierrat, umstellt von mit Petroleum-Lampen angestrahlten Engelbildern mit Schwänen, die Joch extra aus der Requisitenabteilung des Weimarer Theaters beschaffen ließ.

Wenige Stunden später saß Joch, eine dicke Zigarre paffend, die ihm niemand zugetraut hätte, auf seinem Barhocker und strahlte trunken vor Glück. Und je nachdem, wer ihn gerade ansprach, erzählte er dem einen: „Ich wünsche mir, daß meine Kollegen, wenn sie nach Hause gehen, ihre Sorgen im Betrieb lassen können" und dem anderen: „Dienst ist Dienst und Schnaps ist Schnaps, was Leute?" Oder Höhergestellten gegenüber: „Natürlich, man muß den Kollegen Einschlägiges bieten."

Da die einflußreichen Persönlichkeiten des Betriebes an diesem Abend öfter ein Gespräch mit ihm suchten, war er von der Wirkung seines Engagements überzeugt. Er, der junge, schlanke, dynamische Mittdreißiger, Mitglied einer Blockpartei, denn „irgendwo muß man sich in leitender Stellung schließlich integrieren" und „diese Partei scheint mir doch die günstigste Variante zu sein", der ehemalige Elektriker, Auto, Frau und mehrere Kinder sein eigen nennend, der, wenn er mit uns Handwerkern „vor Ort" sprach, so tat, als wäre er in alles eingeweiht, und der mit der Geste des Vertrautseins sich herabbeugte und sagte:

„Männer, ich weiß doch, wo's langgeht, aber ein bißchen müssen wir schon Obacht geben, daß wir die Kurve kriegen. Ich kann auch nicht immer so, wie ich möchte!", war nun Mittelpunkt allen Interesses. Genüßlich lehnte er sich zurück, war aber trotz fortgeschrittenen Alkohol-Stadiums immer noch kontrolliert genug, seine kühnsten Ansichten und Absichten nicht herauszuposaunen.

Wenige Wochen später tauchte das Gerücht auf, daß Joch ausgezeichnet werden solle. Und in der gleichen Zeit sickerte die Geschichte durch den Betrieb, daß er seine Sekretärin zur Nutte machte. Die zierliche junge Frau, die bei den Handwerkern wegen ihres freundlichen und natürlichen Wesens beliebt war, wurde, als die Situation zwischen ihr und dem „Chef" von einigen leitenden Mitarbeitern als „unerträglich" klassifiziert wurde, in ekelerregender Weise gezwungen, den Betrieb zu verlassen.

Trotz dieser kurz zuvor passierten Tragödie fiel einigen Mitgliedern der Leitung, die Joch schon seit dem Studium kannten, nichts Bezeichnenderes ein, als ihn zum „Verdienten Aktivisten" vorzuschlagen. Der Vorschlag wurde von uns Handwerkern energisch abgelehnt, und einer schlug Fritz, den Klempner vor, der laufend Verbesserungsvorschläge einreichte. Diesen Vorschlag drückten wir durch.

Gerd Lehmann
Das Versprechen

Es ist kurz nach der Mittagspause, und wir sitzen noch alle in der Werkstatt, als Gerhard, unser Brigadier, hereinkommt und ruft: „Wißt ihr schon das neuste? In der 13 (13. Obergeschoß des Universitätshochhauses in Jena – Sitz der zuständigen Abteilungsleitung) war gerade eine Kurzversammlung, weil heute nachmittag ein Rektor aufkreuzen wird. Der Herr ist Professor Doktor und seit etlichen Jahren Stadtabgeordneter. Der kandidiert jetzt wieder zu den Kommunalwahlen und will sich bei uns vorstellen." Alfred setzt spöttelnd hinzu: „Oh, welch eine Ehre." Peter erhebt sich vom Stuhl und sagt: „Der fehlt mir noch in meiner Raupensammlung. Mich würde mal interessieren, was der Herr zu meinem Krippenplatz zu sagen hat. Solange das nicht geklärt ist, sind die und ihre Wahl für mich sowieso gestorben." Erich schaut über den Rand seines Nasenfahrrads, wippt den Zigarrenstummel auf den Lippen und brummt: „Reg dich doch nicht auf, Peter. Die Großen sind die Großen und sie bleiben's auch. Die haben deine Sorgen nicht. Und mit uns machen sie Versammlungen und nochmals Versammlungen, und was kommt dabei raus? . . . Für uns türmt sich die Arbeit." Alfred, der sich gerade die Hände mit Putzwolle abwischt, fällt Erich ins Wort: „Was du dir auf deine paar alten Tage noch groß Gedanken machst über die Arbeit. Dann bleibt der Mist halt liegen." Dann wendet er sich Gerhard zu: „Sag mal, wann wollen die Herrschaften denn tagen und wo, wenn man fragen darf?" Gerhard schaut auf die Uhr: „In 'ner Viertelstunde, oben, im 24. Obergeschoß." „Oho", juxt Alfred, „da wollen wir heute noch hoch hinauf, beeilt euch, daß wir den Feierabend nicht verpassen."

Wir räumen unser Werkzeug ein und gehen zusammen zum Aufzugsflur. Erich drückt die Rufknöpfe: „Ich bin mal gespannt, wie lange es wieder dauert, bis so 'ne Hutsche kommt." Alfred klopft ihm auf die Schulter: „Nur keine Angst, Erich, ich hab mir für diese Zwecke paar Karten zugelegt. Wenn's zu lange dauert, machen wir halt ein Spielchen." Alle lachen. Dann kommt der Fahrstuhl. Wir mischen uns unter die Dozenten, Professoren, Doktoren, Assistenten, Studenten und was sonst noch so alles in diesem Hause verkehrt, und einige Herrschaften weichen ungehalten zurück und mustern abfällig unsere Blaumänner. Ein Herr fragt leicht verunsichert in den Fahrstuhl: „Nanu, wo sind wir denn jetzt?" – „Im Keller", murmelt Alfred gleichgültig. „Aber Sie fahren doch nach oben?" – „Freilich", sagt Alfred. Da springt Erich aus dem Fahrstuhl: „Alfred, halt ihn mal kurz auf, ich hab meine Zigarren vergessen." Alfred hält eine Hand vor die Lichtschranke, und nachdem das Gewisper unter den Mitfahrenden größer wird, ruft er: „Erich, nun mach mal bissel hin, wir verpassen sonst die Versammlung." Erich huscht durch die Tür: „Kann losgehen." Im Fahrstuhl zischt es noch ein paarmal auf: „Unerhört! Unverschämtheit!" – und dann tritt akademische Ruhe ein. Im Erdgeschoß halten wir schon wieder, und eine Menschentraube drängt vor die Tür. „Immer rein in die gute Stube", flunkert Alfred. Einige Versessene quetschen sich auch tatsächlich noch rein. Der Fahrstuhl hält unterwegs noch einige Male, wird aber nicht leerer. So auch im 13. Obergeschoß. Unsere Obermacher stehen uns plötzlich gegenüber. Die Bereichsingenieure, Meister, der Abteilungsleiter und einige Sekretärinnen wenden sich enttäuscht von dem überfüllten Fahrstuhl ab, und als sich die Tür schließt, ruft Alfred raus: „Rechtzeitiges Erscheinen sichert gute Plätze!" Wir lachen und landen in bester Stimmung im 24. Obergeschoß.

Dort angekommen, gehen wir in den Konferenzsaal, ziehen uns in eine der hinteren Stuhlreihen zurück und warten mit den nach und nach eintreffenden Anlagenfahrern, Schlossern, Elektrikern, Aufzugs- und BMSR-Mechanikern auf den Beginn der Veranstaltung. Da räuspert sich wer im Präsidium, und ein Herr so um die fünfzig in dunklem Anzug, mit glatt nach hinten gekämmtem Haar und Goldrandbrille, stellt sich vor: „Mein Name ist Professor Doktor K. Ich bin Rektor für Erziehung und Ausbildung und spreche hier vor Ihnen als sozusagen dienstältester Stadtabgeordneter. Sie alle wissen um die Bedeutung der vor uns liegenden Kommunalwahlen, und ich will mich deshalb nur kurz zu einigen mir wichtig erscheinenden Aspekten äußern, um Ihre Aufmerksamkeit nicht allzusehr zu strapazieren. Selbstverständlich würde ich es begrüßen, wenn Sie im Anschluß an meine Ausführungen diesbezüglich Fragen an mich richten würden."

Nach diesen wenigen Worten verwandelt sich die bei den meisten Handwerkern vorhandene Aufmerksamkeit in Desinteresse und Langeweile. Nachdem der Abgeordnete die letzten Worte verschwendet hat, bittet er in den tiefschweigenden Raum um Fragen. Es bedarf mehrerer Aufforderungen, bis ein Anlagenfahrer beginnt: „Nun sagen Sie doch mal, wie lange soll denn nun der Brückenbau über die Saale noch dauern? Ich guck mir das schon 'ne Weile mit an, aber die kommen ja überhaupt nicht vom Fleck." Der Abgeordnete überspielt seine Verblüffung schlecht, müht sich aber dennoch durch Hinweise auf Material, Leute und Baukapazitäten die Frage zu beantworten. Dann meldet sich Ali, der Elektriker: „Ich bin Aquarienhalter und züchte Fische, und es ist für mich immer sehr schwierig, das Futter zu beschaffen, und ich glaube, daß es an der Zeit ist, daß auch in unserer Stadt ein Fachgeschäft eingerichtet wird." In die Reihen kommt Bewegung. Einige Handwerker tuscheln und schmunzeln vor sich hin. Paul von den Elektrikern ruft über die Reihen: „Schaff dir doch fliegende Fische an. Vogelfutter kriegst du überall!"

Der Abgeordnete appelliert etwas verlegen an die Aufmerksamkeit, dieses Problem sei auf bisherigen Ratssitzungen noch zu wenig beachtet worden. Peter, der Klempner aus unserer Brigade, bittet um das Wort. Es fällt ihm nicht leicht, zu sprechen, da er sich schnell erregt. „Sie werden sich vielleicht noch erinnern. Vor nicht allzulanger Zeit wurde die ehemalige Bibliothek des Karl-Liebknecht-Hauses zu einer Kinderkrippe für Universitätsangehörige ausgebaut. Ich habe da mitgearbeitet und will nicht über die Stunden nach Feierabend reden, aber eins will ich jetzt von Ihnen wissen: Was halten Sie davon, daß man mir vorher auf einen Krippenplatz Hoffnung gemacht hat und mir nach der Fertigstellung erklärt wird, alle Plätze seien vergeben? Und wer die bekommen hat, würde mich auch mal interessieren." – „Aber ich . . . gewiß, ich verstehe durchaus Ihre Erregung, aber Sie können doch nicht von mir verlangen . . . nun, ich werde mir den Sachverhalt notieren und ihn überprüfen lassen." Peter gibt nicht nach: „Sie können mir viel erzählen! Meine Frau sitzt zu Hause und paßt auf die Kleine auf, und ich muß das Geld allein verdienen, nur weil einige Herrschaften mich mit falschen Versprechungen an der Nase herumführen. Vor kurzem hatte ich bei der Wohnungswirtschaft die Möglichkeit, eine Arbeit und einen Krippenplatz zu bekommen. Ich habe abgelehnt, weil man mir hier einen versprochen hat." Der Abgeordnete gibt sich anteilnahmsvoll und wiederholt sich in dem Versprechen, der Sache nachgehen zu wollen.

Leise sagt Paul zu Peter: „Das sind doch alles Schauspieler." Da meldet sich Karl-Heinz, der Anlagenfahrer: „Ich weiß nicht, ob Sie auch im Berufsverkehr von Jena nach Neulobeda fahren müssen." Lothar, auch ein Anlagenfahrer, flüstert hinter uns: „Klar kennt der den Berufsverkehr, mit 'nem Tatra und eigenem Fahrer." – „Ich empfinde es als Zumutung für uns und vor allen Dingen für die Frauen mit Kindern, wenn sie in diesen vollgestopften Bussen mitfahren müssen. Wie lange wollen die Verantwortlichen der Stadt da noch zusehen?" Der Abgeordnete wird zusehends ungeduldig: „Gewiß, dieser Zustand kann uns alle nicht befriedigen. In einer der letzten Ratssitzungen ist über das Problem Berufsverkehr eingehend beraten worden. Wir haben beschlossen, in der nächsten Zeit mehrere neugekaufte Ikarusbusse einzusetzen, um so den Berufsverkehr schrittweise zu entlasten."

Dann melde ich mich zu Wort: „Mir ist aufgefallen, daß es wenige anziehende Kulturveranstaltungen gibt und daß viele Räumlichkeiten der Stadt nicht ausgelastet sind. Warum wird die Kulturszene nicht mit allen Kulturhäusern abgesprochen, um so zum Beispiel interessante Veranstaltungen auszutauschen, dann würde es auch nicht passieren, daß bei Zeiss oder an der Universität bei einigen Veranstaltungen wegen zu großer Nachfrage nur Betriebsangehörige eingelassen werden. Ein Beispiel für die Universität: Vor einiger Zeit hörte ich, daß in Jena die Chansonsängerin Gisela May auftreten werde. Ich sprach mit den Leuten in meiner Brigade darüber, und einige hatten Lust, sich die Frau mal anzuhören. Ich rief bei den zuständigen Kulturfunktionären der Universität an und fragte, ob ich Karten für acht Mann erhalten könne. Ich wurde auf den nächsten Tag vertröstet. An diesem Tag aber sagte man mir, daß alle Karten bereits vergeben seien. Am Tage des Auftritts der May bin ich dann zum Stadttheater gegangen und habe durch eine Bekannte doch noch eine Karte erhalten. Ich habe mich dort gründlich umgesehen, konnte aber keinen einzigen Handwerker entdecken. Es war jedoch eine Veranstaltung, die für alle Mitarbeiter der Universität ausgeschrieben war. Solche Zustände halte ich für veränderungswürdig."

Der Abgeordnete mustert mich aufmerksam: „Ich mache Ihnen einen Vorschlag. Ich lade Sie hiermit ein, bei einer der nächsten Sitzungen der ständigen Kommission Kultur der Stadt teilzunehmen. Dort können Sie Ihre Vorschläge unterbreiten. Den genauen Termin gebe ich Ihnen durch eine schriftliche Benachrichtigung rechtzeitig bekannt. Einverstanden?" „Unbedingt", bekräftige ich, „das interessiert mich sehr." Er nickt einer Mitarbeiterin zu, die mich um meine Adresse bittet und nach meinem Beruf fragt. Mit nun selbstzufriedener Miene ermuntert der Abgeordnete die Anwesenden zu weiteren Fragen. Da diese ausbleiben, bedankt er sich für die Aufmerksamkeit und verabschiedet sich mit den Worten: „Ich wünsche Ihnen viel Erfolg bei der Wahl."

Am nächsten Tag spricht mich Erich, der alte Schmied, an: „Hast du schon gesehen? Du stehst in der Zeitung." Ich schaue ihn ungläubig an. „Ja, im Lokalteil der Volkswacht." „Hast du die Zeitung zufällig mit?" Erich verneint, und ich laufe durch den Kellerausgang zum Zeitungskiosk, verlange ein Exemplar und lese: . . . „Bei einem Gespräch, das der Stadtabgeordnete Prof. Dr. K. gestern mit Handwerkern des Universitätshochhauses in Vorbereitung der Kommunalwahlen führte, kam es zu einem intensiven Meinungsaustausch. Der junge Schlosser Gerd L. unterbreitete konstruktive Vorschläge zur Verbesserung der kulturellen Möglichkeiten der Stadt" . . .

Die Wahl ging über die Bühne. Prof. Dr. K. wurde wiedergewählt. Ich wartete auf eine Einladung zu einer Sitzung der ständigen Kommission Kultur. Einen Monat später schrieb ich dem Abgeordneten und erinnerte ihn an sein Versprechen. Ich bekam keine Antwort. Ich erzählte es den Leuten in meiner Brigade. Sie meinten nur: „Hast du denn gedacht, daß die das ernst meinen? Für die ist die Wahl doch gelaufen. Die wollen davon doch gar nichts mehr wissen." Ich konnte mir nicht vorstellen, daß ein öffentliches Versprechen einfach ignoriert wurde, und schrieb nochmals, diesmal per Einschreiben, an den Abgeordneten. Doch ergebnislos.

Gerd Lehmann
Wer die Macht hat, hat recht

Gerhard, unser Brigadier, legt auf Peters Werkbank einen Arbeitsauftrag. Peter liest ihn und fragt mich: „Was machst'n du jetzt?"
„Ich warte auf'n Feierabend."
„Mach doch keinen Ulk", sagt Peter, „mal im Ernst!"
„Warum, was liegt denn an?"
„Ich brauche noch einen zweiten Mann. Der Heizschlangeneinsatz von dem Boiler III in der Wärmezentrale soll ausgebaut und überprüft werden, ob er verkalkt ist. Allein ist das nicht zu schaffen."
„Seltsam, auf was die so alles kommen." Ich hänge die Werkzeugtasche um und schlendere hinter Peter her. „Von wem ist denn dieser verrückte Auftrag?"
„Von wem soll der schon sein ... von Mu. Der Herr Obermeister hat den ganzen Tag nichts weiter zu tun, als oben rumzuhocken und darüber nachzugrübeln, wie er uns am besten beschäftigen könnte, das Arschloch."

Als wir in die Zentrale kommen, sieht sich Peter den Boiler gründlich an, dann stecken wir uns eine Zigarette an und erzählen ein bißchen, und plötzlich kommt Mu angewalzt: „Na Männer, wie läuft's?"
„Überhaupt nicht!" ruft Peter.
Alle Räder stehen still, wenn der Kumpel nicht mehr will, denke ich und amüsiere mich über Mus Falschspielergesicht, das sich allmählich verfinstert.

„Wieso habt ihr noch nicht angefangen? Nun wird's aber Zeit."
„Wie stellst du dir das überhaupt vor?" fragt Peter lauernd. „Bist du sicher, daß der Einsatz hier auf dieser Seite herauszuziehen geht?"
„Na, du stellst vielleicht Fragen. Das ist doch ganz klar zu sehen. Auf der anderen Seite wird der Boiler durch die Wand der Zentrale begrenzt. Stellt euch doch nicht dümmer an als kleine Kinder!"
Peter gelassen: „Hast du mal 'ne Zeichnung dafür da? Ich möchte das genau wissen."
Mu ereifert sich: „Nun hör bloß auf mit dem Palaver. Ich denke, ihr seid schon fertig und ihr habt noch nicht mal angefangen. Ich möchte wissen, wofür ihr euer Geld bekommt!"
Wir lassen ihn weiterquatschen, sperren die Zuleitung ab und lassen das Wasser aus dem Boiler. Nachdem Mu mitbekommen hat, daß wir ihm nicht mehr zuhören, verzieht er sich.

Wir beginnen mit der Demontage. Als wir die Glaswolle zwischen Boiler und Verkleidung herausziehen, stellt sich bei uns ein fürchterliches Jucken an Händen und Unterarmen ein. Unter Verwünschungen und Flüchen legen wir die Vorderseite des Boilers frei. (Der Boiler ist etwa vier Meter lang und hat einen Umfang von zweieinhalb Metern. In diesen Boiler wird von einer nach Montageplan festgelegten Seite ein Heizschlangensystem eingeschoben, das sich durch Dampfzufuhr aufheizt und so das in den Boiler fließende Kaltwasser erwärmt.)
Peter umläuft den Boiler wie ein Schatzsucher: „Mir gefällt die Sache nicht. Ich werde das Gefühl nicht los, daß der Einsatz auf dieser Seite nicht auszubauen geht. Und wenn das stimmen sollte, dann ist die ganze Arbeit für die Katz. Von der anderen Seite ist auch nichts zu machen. Das sieht doch ein Blinder, daß der Abstand zwischen der Wand und dem Boiler viel zu klein ist. Schluß jetzt, Mu muß her, ich mach hier keinen Handschlag mehr!"

Peter geht in die Werkstatt. Wenig später kommt er zurück: „Ich habe Mu angerufen. Er will gleich kommen. Gerhard weiß auch Bescheid. Er muß noch irgendwas erledigen, dann will er sich's mal ansehen." Mu steuert plötzlich durch die Zentrale und baut sich vor uns auf: „Ihr habt ja noch nicht mal die Schrauben vom Flansch gelöst." Sein Mondgesicht funkelt gereizt.
Peter schüttelt den Kopf: „Ich glaube nicht, daß das hinhaut, was du vorhast! Warum läßt du uns nicht in die Zeichnung sehen?"
„Nun mach aber mal 'nen Punkt, plauzt Mu. Wer ist denn hier der Meister? Du oder ich? Lös die Schrauben und fertig!"

„Immer sachte, immer mit der Ruhe, mein Lieber", wehrt Peter ab und blinzelt mir zu. Von Mu unbemerkt verständigen wir uns durch Blicke. „Wie du willst", winkt Peter ab, „auf deine Verantwortung."
„Das mußt du schon mir überlassen", schnauzt Mu zurück.

Wir holen uns eine 38er Ratsche und ein von Erich, dem alten Schmied, gehütetes Rohrabfallstück, mit dem wir die Hebelwirkung vergrößern wollen. Dann hangeln wir zu zweit auf dem Schlüssel rum. Nach geraumer Zeit haben wir alle Schrauben gelöst. Der Schweiß perlt bis in die Kniekehlen, und genußvoll stecken wir uns eine Zigarette an. Dann spazieren wir zurück in die Werkstatt und Peter ruft Mu an: „Komm runter und zieh deinen Einsatz!"
Als sich Mu in der Zentrale einfindet, fordern wir ihn auf, den Einsatz zu bewegen. „Wir schaffen's nicht", beteuert Peter. (In der Zwischenzeit haben wir uns davon überzeugt, daß es sich auf dieser Seite um einen Blindflansch handelt.)
Mu verlangt einen Vorschlaghammer und einen Meißel, setzt diesen an den vermeintlichen Rand des Einsatzes und drischt los wie ein Besengter. Sichtbar lassen seine Kräfte nach, doch bevor er voll abschlafft, stöhnt er: „Jetzt versuchen wir's mit dem Flaschenzug." Wir zeigen ihm nen Vogel.

Da taucht Gerhard, unser Brigadier, auf und mustert den Boiler von allen Seiten. Dann packt er Mu die Bauzeichnung vor die Nase: „Guck dir's an, der Boiler ist einwandfrei seitenverkehrt eingebaut worden. Die Monteure haben sich genau an die Zeichnung gehalten. Da haben die Projekteure Scheiße gebaut. Den Einsatz können wir abschreiben, den kriegen wir nicht mehr raus".
Peter stellt sich vor den vergnatzten Mu: „Wie sieht's aus, Obermeister, sollen wir jetzt die Wand abtragen?"

Bernd Markowsky
Stücklohn
Notiz vom 16.10.1976

Die erste Frage:
Was haben Ihnen die Meister denn versprochen, was Sie hier verdienen können?

Die zweite Frage:
Wie bist du denn hierher gekommen?

Ich werde an einen Automaten gestellt, an dem ich nur Teile wechsle. Der einzige, der sich ab und zu um mich kümmert, ist der Einrichter. Er scheint sich einen merkwürdigen Spaß daraus machen zu wollen, mir zu beweisen, daß ich ein Trottel bin, weil ich von dieser Arbeit noch keine Ahnung habe. Alles, was ich an Wissen brauche, muß ich mir selbst zusammenkratzen. Meine einzige Aufgabe scheint zu sein, nicht aufzufallen.

VON DER ZENTRALEN KADERLEITUNG IM HAUPTWERK, bei der ich mich um Arbeit bewarb, wurde ich mit mehreren Zetteln in die Betriebspoliklinik zur Untersuchung geschickt, von dort mit mehreren Zetteln zurück zur Kaderleitung, von dort mit einem Zettel ins Südwerk zur Kaderleitung; nachdem ich dort wieder mehrere Zettel ausgefüllt hatte, konnte ich mir mehrere Abteilungen ansehen.

In der ersten werden Linsen zentriert, das heißt, nach der optischen Achse geschliffen, ausgerichtet. Die Maschinen stehen in mehreren Reihen nebeneinander, wie Schulbänke, über die sich schweigend und konzentriert Männer und Frauen beugen, die ungeheuer flink fingernagel-

große Linsen in ein rotierendes Futter legen, Hebel drücken, die Linsen wieder rausnehmen, neue einlegen. Ununterbrochen.
„Sechshundert bis siebenhundert Mark können Sie hier verdienen", sagte der Meister, „wenn Sie ordentlich arbeiten. So viel verdienen hier alle. Das ist eine Normerfüllung von hundertzwanzig Prozent. Man kann auch mehr schaffen, der Kollege da drüben zum Beispiel. Aber der übertreibt ein wenig. Der arbeitet die Pausen durch. Das muß wirklich nicht sein, die Pausen braucht man doch. Aber schließlich kann ich's ihm nicht verbieten. Er hat wohl grad geheiratet."

Es ist kein gutes Gefühl, Menschen, die schuften, bei der Arbeit zuzusehen. Ich wollte mich schnell verabschieden, doch der Meister zeigte mir noch sein Lieblingskind: neue Vollautomaten, die dieselbe Arbeit schneller und präziser machen. „Die haben noch Kinderkrankheiten", sagte er, „außerdem sind's zu wenig. Ich hoffe, ich erleb's noch, daß wir die alten Maschinen rausschmeißen können."

Die nächste Abteilung, in die mich der Kaderleiter schickte, war die Kitterei. Hier werden Linsen aller Größen und Formen aufs Schleifen und Polieren vorbereitet, indem sie dicht an dicht auf große Halbkugeln gekittet werden. Diese Halbkugeln werden dann in die Schleif- und Poliermaschinen gespannt. Von dort kommen sie in die Kitterei zurück und werden in Öfen erhitzt, bis der Kitt flüssig wird und die Linsen wieder abgepult werden können. Dafür gibts – eine Neuerung – Sauger, deren Bedienung aber nicht unkompliziert ist, so daß die meisten Kollegen lieber Zeit sparen und sich die Finger schmutzig machen.
Der Meister arbeitete die ganze Zeit, während er mit mir sprach. Sowas hatte ich noch nie erlebt. Das Ungewöhnliche war auch ihm bewußt: „Sie sehen", sagte er, „keine Leute, keine Leute! – Aber ich will Sie nicht überreden. Es gibt nicht viele, die hier arbeiten wollen. Die Arbeitsbedingungen sind nicht gut. Gestank, Hitze, Schmutz. Die Finger kleben von dem Kitt. Das geht schwer wieder runter, ich hab' immer Trauerränder unter'n Fingernägeln. Es gibt Leute, die glauben, daß man dann ein Dreckschwein ist – naja, nicht zu ändern. Wissen Sie, Sie müssen Interesse an der Sache haben, sonst hat's keinen Zweck, sonst wird's nur Quälerei. Da haben Sie nischt von und wir auch nicht."

Ein dreiviertel Jahr später las ich über diese Abteilung einen umfangreichen Bericht in der Betriebszeitung. Sie wurde vollkommen rekonstruiert, modernisiert, die Arbeitsbedingungen sind jetzt wesentlich besser. Ich freue mich für die Kollegen, die ich dort kennengelernt hatte und wollte mir das mal ansehen. Aber das ging nicht. Als Arbeiter habe ich ohne Auftrag keinen Zutritt zu anderen Abteilungen, und diese liegt zu tief im Gebäude drin, um sich durchschmuggeln zu können.

Weil ich nach Qualifizierungsmöglichkeiten gefragt hatte, wurde ich nun in eine Abteilung geschickt, in der ich (nach insgesamt 2-3 Jahren) Schlosser und Schweißer werden konnte. Zunächst soll ich an Alu-Rahmen Schweißnähte schleifen. Es geht um hochwertige Geräte für den SU-Export, und da wird einiger Wirbel gemacht. Äußerst sauber arbeiten, die Kontrollen sind streng, neue Technologien werden ausprobiert: Fließfertigung mit größeren Teilen, die an Schienen hängend transportiert und bearbeitet werden, die Arbeiter sind durch Vorhänge voneinander getrennt, um sich nicht gegenseitig zu stören. Ich brauchte mich nicht lange zu besinnen. Einzelhaft, um schweißen zu lernen? Nein danke.

Bei der Kaderleitung kam ich mir langsam unverschämt vor. Drei Angebote hatte ich schon abgelehnt, und die Sekretärin guckte auch schon ganz unwillig. Aber ihr Chef war nicht so. Arbeitskräfte werden überall gebraucht, und er schrieb mir einen neuen Zettel für die Zahnradfertigung.

Das ist eine große Abteilung mit verschiedenen Maschinen, die alle zusammen ein großes Krachkonzert geben. Ich war verwirrt von der Vielfalt der Geräusche und Bewegungen und mußte mich durch das lange Maschinenspalier durchkämpfen bis zu den Glaskästen, in denen Meister und Abteilungsleiter mit ihren Sekretärinnen sitzen. Der Mensch, dem ich vorgestellt wurde, war Abteilungsleiter. Er fragte mich gründlich aus nach meiner Vergangenheit im Arbeitsleben und beglotzte mich ganz ungeniert. Ich hatte das Gefühl: jetzt grapscht er gleich zu und befühlt meine Muskeln und prüft, ob meine Knochen noch gelenkig und biegsam genug sind. Er starrte mich an, wußte wohl keine Frage mehr. Dann murmelte er: „Na gut, wir werdens versuchen."

DIE NACHBARIN SAGT: Hier mußt du zusehen, wie du zu deinem Geld kommst. Das hab' ich den Meistern ja schon immer gesagt: Auf eine Maschine immer fortlaufend große Posten, sonst rennst du dich tot. Das wissen die auch ganz genau. Deswegen habe ich gestern auch gesagt, daß sie mit schuld haben, daß wir Nachtschicht machen müssen. Aber danach fragt ja keiner. Wo sie die Preise so gedrückt haben, eine Minute, zwei Minuten, da verdienst du doch nischt. Deswegen will ja auch kei-

ner an die Lambert. Das wird nur ein Durchgangslager. Der neue Meister ist knausrig, da mußt du dir schon was einfallen lassen. Der Abteilungsleiter sagt immer, wir bescheißen ihn. Neulich auch. Guckt er die Papiere durch und brüllt plötzlich: „Hat mich der Horst doch wieder beschissen!" (Horst ist ihr Ablöser).
Sag ich zu ihm: „Was heißt hier beschissen?"
Er: „Halt die Fresse!"
Er sagt immer: „Halt die Fresse, du bescheißt mich doch auch!"
„Ihr wollt's doch so haben", hab ich zu ihm gesagt, „was sollen wir denn machen, wir wollen doch auch leben!"
Und was sind heute schon 500,– Mark? Die können wirklich sagen, wenn sie reinkommen: Wir haben unser Geld heute drin. Die kriegen ihre 800,– bis 1.000,– Mark, wenn wir uns erst abstrampeln müssen, um auf unser Geld zu kommen.

Es wurden neue Plakate angebracht:

GRUNDFONDSÖKONOMIE
Auch du bist verantwortlich für eine hohe Schichtauslastung
VEB Carl Zeiss Jena Abt. TAN

Abgebildet ist eine Uhr als Rundstahl, von der ein Span abgedreht wird. Auf solche anonymen Aufforderungen reagieren die Kollegen auffallend aggressiv. Als wir in der Spätschicht zum Essen gehen, sagt eine junge Frau: „Hast du gesehen? Rund um die Uhr sollen wir arbeiten. Die Blödmänner! Sollen sich selber mal an die Maschine stellen!"

BEI UNS GIBT ES AUCH EINEN, DER SEINEN WEG MACHT, der hochgetrimmt wird, wie die Kollegen sagen. Er „macht was in der FDJ" und ist Stadtabgeordneter. Er ist dauernd auf Versammlungen und soll bald ein Studium aufnehmen. Nach 14 Tagen bekomme ich ihn zu Gesicht. Ich frage ihn, ob er auch nach Stücklohn bezahlt wird. Weil er „Springer" sei und sich an einer Maschine nie voll einarbeiten könne, würde er ja nie auf volles Geld kommen.
Er sagt: „Stücklohn gibts nicht. Es gibt keinen Stücklohn. Wir arbeiten nach Leistung. Stückprämie gibt es und eine Erfüllungsprämie, die von verschiedenen Faktoren abhängig ist, wie sozialistischer Wettbewerb, Planerfüllung, Ordnung, Sauberkeit, Disziplin usw. Das wird nach einem Punktsystem ausgerechnet. 100 Punkte sind das Höchste, davon werden dann Punkte abgezogen, wenn was nicht erfüllt wurde. Das kann 20,–

bis 100,– Mark im Monat ausmachen. Wir kriegen Leistungslohn."
Nach einer Weile hin und her erklärt er mir, wie der Leistungslohn errechnet wird: Stückzahl mal Stückzeit (Min.) durch 60. Das sind deine Abrechnungsstunden und die nimmst du mit dem Lohnfaktor deiner Lohngruppe mal.
Ich sage ihm, daß das eben Stücklohn sei, da sagt er: „Ist doch egal, wie das heißt, Hauptsache, du verdienst dein Geld."
Ich frage ihn, wie er denn nun sein Geld verdient, ob er wie wir Stücklohn kriegt, oder was sonst. Er würde doch, wenn er gerade mal an irgendeine Maschine kommt, nicht immer „gute" Arbeit haben.
Er sagt, daß er Lohnausgleich kriegt für seine gesellschaftliche Arbeit (von der niemand was genaues weiß bei uns) und natürlich seine Stückzahl voll abrechnet. Dann sagt er: „Ich sage dir, es gibt keine gute und schlechte Arbeit!" Der neben ihm arbeitet, sagt: „Ja, ja, hier gibts nur schlechte Arbeit!"
„Aber ich weiß schon, worauf du hinauswillst", sagt der Stadtabgeordnete, „ich weiß schon, worauf du hinauswillst!" Und nochmal, weil ich nichts sage: „Ich weiß schon, worauf du hinauswillst: Akkord, ne?"

DER ABTEILUNGSLEITER HOLT UNS ZUSAMMEN in den Versammlungsraum: „Mitkommen, du auch – du auch!"
„Ich hab euch zusammengeholt, weil es Unklarheiten gibt über den Lohnzettel. Anscheinend wissen manche nicht, wie sie die Papiere zu behandeln haben."
Er spricht in verschärftem Ton, wir sind einigermaßen ratlos, wir wissen nicht, woher der Wind kommt. „Es hat Kontrollen gegeben, von oben, Beschwerden und Rückrechnungen. Ich bin nicht gewillt, für irgendwelche Nachlässigkeiten geradezustehen. Ich werde nämlich voll materiell verantwortlich gemacht, wenn was schief geht, und das sehe ich nicht ein. Deshalb mache ich das hier in Form einer Belehrung."
Er hält die Papiere hoch: „Der Lohnzettel wird ausgefüllt, nachdem die Arbeit beendet ist! Nicht früher und nicht später! Fünf Tage, nachdem der Auftrag abgerechnet ist, werden keine Lohnzettel mehr angenommen, ist das klar?! Die verfallen dann, das ist dann euer Geld, was verloren geht. Ich begreife nicht, wieso die Lohnzettel immer bis zum Monatsende gestapelt werden. Am Monatsende kommen wir gar nicht mehr nach mit den Abrechnungen. Da kriegen wir immer ganze Packen rein. Da wird dann zusammengerechnet, wieviel habe ich verdient und wie-

viel Prozent habe ich und hin- und hergerechnet – das ist nämlich die Ungerechtigkeit!"
Was für eine Ungerechtigkeit meint er? Etwa, daß wir gezwungen sind, über jede Minute Buch zu führen, oder daß wir nur für die Minuten bezahlt werden, die dem Betrieb direkt Profit abwerfen, oder meint er etwa, es wäre ungerecht, daß wir um jede Minute feilschen müssen, uns selber immer hinterherrennen, auf Trab bringen – oder was meint er sonst? Jedenfalls spricht er mit uns wie ein preußischer Pauker. Wir schweigen verbittert. Wer gibt ihm die Macht, so offen, so zynisch offen zu uns über unsere Arbeit zu reden?
„Und jetzt unterschreibt hier jeder, damit nachher keiner sagen kann: Ich hab von nichts gewußt!"

WIR LEBEN VOM KOMPROMISS. Wir müssen den Kompromiß zwischen Qualität und Menge finden: Das ist in der Regel die unterste Qualitätsgrenze. Die Meister müssen oft noch einen Kompromiß mit der Kontrolle aushandeln, unsere Arbeit „verkaufen", wenn wir die Toleranz schon knapp überschritten haben. Faktoren, die notwendig die Qualität direkt oder indirekt beeinträchtigen, sind:
1. Die Einrichtezeit beträgt 40 Minuten (bis auf wenige Ausnahmen). Das ist sehr knapp bemessen. Es bleibt keine Zeit für längere Korrekturen von Aufnahme- und Fräserdorn.
2. Fräser versetzen (5 Min.), Fräserwechsel (5-20 Min.) werden nicht berechnet (bis auf wenige Ausnahmen). Das wird also so lange wie irgend möglich rausgeschoben. Uns wird gesagt, daß diese Zeit schon in der Stückzahl enthalten ist, als „technische Hilfszeit".
3. Die Kontrolle der Teile muß während der Zweimaschinenbedienung durchgeführt werden, diese Arbeit wird nicht berechnet, muß also vernachlässigt werden, wenn wir nicht längerlaufende Teile haben (was selten vorkommt).

Das war übrigens eine der ersten Bemerkungen, die der Einrichter mir gegenüber machte: „Kontrolle, Kontrolle, Kontrolle! Das klappt bei uns noch nicht so richtig."

Oberflächliche Kontrolle kann sehr schnell zu Fehlern führen, eine Erfahrung, die wir immer wieder machen müssen. Wir werden gezwungen, uns selbst zu belügen, unsere konkreten Erfahrungen immer wieder zu verdrängen, um uns auf eine imaginäre „Erfahrung" zu verlassen, auf irgendein „Gefühl". Der Satz: „Das muß man im Gefühl haben", den ich hier so oft höre, wird, wo auf 1/1000 mm gemessen wird, absurd.

FÜR EINE ARBEIT, die schon mehrere Tage läuft, muß eine neue Aufnahme gedreht werden. Das dauert eine halbe Stunde. Ich frage den Einrichter, wie die halbe Stunde abgerechnet wird. Er sagt: „Wir wollen nicht zu kleinlich sein, 'ne Viertelstunde oder 'ne halbe Stunde holen Sie wieder raus, das ist immer drin. Sie können sie natürlich verlangen, das Recht haben Sie, aber das macht kein Kollege hier."
„Da rechnen Sie aber doch schon ein, daß wir mit höheren Touren fahren, sonst könnten wir die Zeit nie wieder rausholen."
„Nein, die drinnen rechnen anders. Die sehen: da wird 'ne Viertelstunde Frühstück gemacht, da wird 'ne Pause gemacht und nachmittags wird Kaffee getrunken und da wieder 'ne Pause und da wieder. Das sehen die doch alles. Und mir halten sie das immer wieder vor: ‚Wieso können die soviel Pausen machen?' Das wissen die doch alles ganz genau. Die haben doch selber mal gearbeitet. Der Abteilungsleiter war jahrelang hier an den Kegelrädern."
Meine Nachbarin sagt: „Das ist schon soweit, daß sie uns jede Minute vorrechnen."

ES GEHT AUFS JAHRESENDE ZU, Sonderschichten werden verordnet, die Kontrollen am Tor und in den Werkhallen werden verstärkt. In der Nachtschicht kommt regelmäßig einer von „denen", irgendjemand aus der Verwaltung, den wir nicht kennen, und führt Anwesenheitslisten. Der Einrichter ist noch ängstlicher als sonst. Wenn wir unsere Pause nur ein paar Minuten überziehen, versucht er uns mit ängstlichen Gebärden und Gebrabbel von irgendwem, der sich angekündigt hat, aufzuscheuchen. Es wird von einer generellen Urlaubssperre für das Jahresende gesprochen. Genaueres weiß natürlich niemand, aber die Aufregung ist groß. Viele haben sich das ganze Jahr über ein paar Tage Urlaub für die Familie aufgespart. Der Meister ordnet für Sonnabend, den 27. Dezember, eine Sonderschicht an. Niemand will kommen, und so macht er daraus eine „Sache des Bewußtseins". Er erreicht damit, daß die Kollegen ihre Ablehnung schärfer formulieren. Eine junge Frau sagt: „Ich komme nicht! Sollen sie die ranstellen, die das ganze Jahr nichts machen. Die Technologen haben doch alle mal an den Maschinen gearbeitet, sollen sie mal für ihre Scheißpreise, die sie da machen, arbeiten."

WIR WISSEN GEGENÜBER DEN TECHNOLOGEN UND NORMERN IN PRAKTISCHEN DINGEN BESSER BESCHEID, und wir sind darauf angewiesen, das auszunutzen. (Schnellerer Vorschub, höhere Drehzahlen, Mehrteilspannung bei Kenntnis des Materials.) Daß wir besser als die Technologen über unsere Arbeit Bescheid wissen, bekommen wir zu hören, wenn sie einen Fehler gemacht haben. Bei einer Arbeit war in den Papieren ein Fehler: Die Wechselräder für die Zähnezahl waren falsch angegeben, so daß ich das Fräskopfverhältnis ändern mußte und die Maschine nur halb so schnell lief als vorgesehen. Ich schickte den Einrichter am nächsten Tag zu den Technologen, weil ich den „Preis" geändert haben wollte. Er kam zurück mit den geänderten Zahlen für die Teilwechselräder. Die Technologen hatten ihm gesagt, daß wir viel besser Bescheid wüßten als sie und das selbst hätten ändern müssen. Ich mußte also nochmal einrichten, ungefähr 15 Minuten, und hatte mit den zu langsam gearbeiteten Teilen 1 bis 2 Stunden Verlust. Mein Ablöser, dem das auch nicht aufgefallen war und der die ganze Nachtschicht so gearbeitet hatte, hat ein Drittel der Schicht praktisch umsonst gearbeitet.

MEINE NACHBARIN SAGT: Ich habe heute noch keine Minute verdient, und jetzt ist es halb zehn. Was ich anfasse, geht mir kaputt. Ich hab Teile drauf, die schon ein Jahr stehen und ganz eilig sind. Jetzt müssen sie raus und kein Fräser ist da. Haben sie mir so ne Gurke gegeben, die ist gleich kaputtgegangen. Montag ist für mich der schlimmste Tag. Wenn ich draußen war und konnte machen, was ich wollte, und muß dann wieder machen, was die wollen – ich weiß nicht, ob Ihnen das auch so geht – da muß ich mich erst dran gewöhnen. Morgen gehts wieder – aber heute. Ich sollte eigentlich nach Hause gehen, wirklich, es hat keinen Zweck. Ich mache mehr kaputt, als ich schaffen kann. Ich sage mir immer: Bleib ganz ruhig, es hat ja doch keinen Zweck, daß du dich aufregst, aber dann reg ich mich doch wieder auf.

ICH HABE „STÜCKLOHN" VON MIKLOS HARASZTI IN MEINER ABTEILUNG RUMGEGEBEN. Der erste, dem ich es gab, ein junger Arbeiter, sagte am nächsten Tag: „Also so ist es bei uns doch noch nicht. Die müssen ja ganz schön wenig Geld kriegen!" Er blieb sehr zurückhaltend.
Am Tag darauf sprach er mich an: „Ich bin jetzt auf Seite 70. Das stimmt alles ganz genau, Mensch. Bei uns ist es genauso, nur vielleicht nicht ganz so kraß. Das hab ich vorher gar nicht beachtet, aber es ist ja so, wie er schreibt, daß zum Beispiel die Sekretärin dich einfach wegschicken kann, wenn's ihr paßt – Kommen Sie später wieder, der Chef hat grad keine Zeit –; kommste später wieder, hat *sie* grad keine Zeit, oder die sind grad mal weggegangen. Die sind ja nie da, wenn du sie mal brauchst. Das passiert mir doch oft genug. Oder daß sie dich anfurzt, von oben herab behandelt, obwohl sie doch im Vergleich zu uns eigentlich unwichtige Arbeit macht. Also meinen Lohn kann ich mir auch selber ausrechnen – das müssen wir ja sowieso. Aber die denkt, die ist was Besseres, bloß weil sie mit denen in einem Zimmer sitzt. Und man nimmt das so hin, weil's eben so ist, läßt sich wegschicken, obwohl man's vielleicht eilig hat. Aber das interessiert die ja gar nicht, kriegen ja ihr festes Gehalt. Man sieht das alles überhaupt nicht mehr, hab's ja selber nicht gesehn. Bei uns ist's dasselbe in grün, bloß die Hetze ist vielleicht noch nicht so schlimm. Manchmal hab ich ganz gute Arbeit, ich arbeite auch nur an einer Maschine, das geht noch. Aber an deinen Maschinen – da ist es sicher auch so."
Wir besuchten uns später gegenseitig, und er borgte sich regelmäßig Bücher von mir. Für Volker Braun „Es genügt nicht die einfache Wahrheit" brauchte er länger, aber manches, wie etwa der Text über Fußball und Zuschauer, gefiel ihm sofort. Auch Claire Etcherelli „Elise oder das wahre Leben" fand er sehr gut.

Der nächste, der „Stücklohn" las, war schon einige Jahre in dieser Abteilung. Ich hatte ihn am ersten Tag kennengelernt, als ich nur zuschauen, nur von den anderen „was abgucken" sollte. Ich sah: Während er an der einen Maschine arbeitete, blieb die andere stehn; wenn er bei dieser war, lief die erste aus. Und ich fragte ihn, wie er die Norm schafft. Seine Antwort: „Stücklohn ist die höchste Form der Ausbeutung."
Als er das Buch zurückgab, sagte er nur: „Sehr gut."

Ich habe es niemandem mehr empfohlen. Einer nach dem anderen kam, um es zu lesen, sie hatten davon gehört.

Bernd Markowsky

DIESEN DONNERSTAG NICHT ZU VERGESSEN

An einem Donnerstag
machten sie mit mir eine Versammlung
die Abteilungsleiter, Meister, Einrichter
Vertrauensleute, jeweils einer
mit mir allein
Kommen Sie mal mit
Legen Sie mal Ihr Zeug weg
Hammer und Sichel, Messer und Gabel
oder was Sie sonst gerade in den Händen halten
Wir wollen uns mal
da hinten mit Ihnen
über was unterhalten

Du darfst nicht sagen
was sie wissen
Du darfst nicht wissen
was alle wissen
Vergiß, was du gelernt hast
Hier lerne hören

Wir müssen uns alle im Rahmen bewegen
Wer rausfällt oder ihn sprengen will
mit dem müssen wir reden
Wir sind keine Unmenschen
wenn man uns bittet
Wenn Sie sich an die Ordnung halten
Wenn Sie tun was wir Ihnen sagen
ist alles in Ordnung
Dann brauchen wir nicht mehr
mit Ihnen zu reden
Haben wir uns verstanden?

Ja. Wann haben wir endlich verstanden!

Bernd Markowsky
Beim Geld fängt die Freundschaft an

Ich komme zur Nachtschicht, und es ist alles wie immer. Der Pförtner drückt auf den Summer, nachdem ich geklingelt habe, und schimpft, als das Tor hinter mir zuknallt.

In der Kaue sind sie fix beim Umziehen, verabreden sich zum Bier und zum Skat. Kurt, der Vertrauensmann, hat hier unten ein spitzes Maul und frozzelt alle, ohne Ansehn von Rang und Würde. Heute ist Paul, der alte Dreher, wieder dran. Er tut mir leid, wie er da durch die Kaue humpelt, schwankend zwischen Scham und verletzter Würde. Ich glaube nicht, daß er in seinem Leben viel Spaß mit Frauen gehabt hat. Und jetzt denkt er sich irgendwelche Lügengeschichten aus, wenn die andern ihn fragen, wo er die letzte Nacht geschlafen habe und wo er diese verbringen wolle. Der andere Kurt, der Gewindeschneider, sagt mir zum zehnten Mal, daß nur das Salz in der Suppe fehle und daß unser Fernsehprogramm besser werden müsse. Wir wünschen uns alle Gute Nacht, und Paul reicht mir wie immer seine riesige, rauhe und schwielige Hand. Er ist nicht der einzige, doch an seinen Händedruck kann ich mich erinnern.

Ich gehe hoch in den leeren, wunderbar ruhigen Maschinensaal, die Reihe der Maschinen entlang. Unser Einrichter und Schichtführer, auch ein Kurt, taucht hinter seinem Schreibtisch auf. Traude, meine Nachbarin, erzählt Horst und Anita, Lehrlinge im zweiten Lehrjahr, die Dorfneuigkeiten. Schweren Herzens fange ich an und zerstöre mit meinen Maschinen die Stille. Mir fehlen noch Stunden. Und um nicht noch mehr in Rückstand zu geraten, muß ich bei den kleinen Teilen, die auf der Maschine sind, jede Minute nutzen. Teile abspannen, aufspannen, Knopf drücken, Teile säubern, prüfen, stapeln. Langsam komme ich in den Rhythmus, und langsam packt mich das Akkordfieber. Die Welt schrumpft zusammen auf meinen Arbeitsbereich zwischen den Maschinen und dem Werktisch. Die beiden Neonlampen werden zum Himmel, unter dem ich verbissen gegen die Zeit kämpfe. Die eine Maschine läuft mir zu langsam. Schnell den Riemen umgelegt, weiter geht's. Jetzt läuft sie auch lauter. Wenn Kurt das merkt, gibt's Ärger, aber das zählt jetzt nicht. Langsam überzieht sich meine Brille mit einem immer dichter werdenden Schleier feiner Öltröpfchen. Nach einer Stunde bin ich wie in Trance. Manchmal sehe ich mich kurz im schwarzen Fenster. Ich fange an zu träumen, entferne mich langsam von mir, schwebe über mir, schwebe langsam durchs Fenster hinaus und betrachte mich von draußen. Ich erschrecke: Das soll ich sein? Der da so einen irren Tanz zwischen den Maschinen aufführt, sich jetzt um die eigene Achse dreht, Schraubenschlüssel schnappt, Teil abspannt, fallenläßt, neues Teil schnappt, fast gleichzeitig mit der Linken den Knopf drückt, die Rechte mit dem Schraubenschlüssel von der Maschine zurückreißt, kurz zu mir rüberstarrt, sich hastig weiterdreht, zur anderen Maschine? Wenn meine Freunde mich hier sähen, was würden sie denken? Daß ich verrückt geworden bin? Oder ein Held der Arbeit?

Traude kommt, die gute Traude: Pause. Endlich. Aber ich kann nicht aufhören, noch ein Teil und noch eins. Traude sieht sich meine Arbeit an, Horst kommt auch.

„Sag mal," sagt er, „das bist doch du hier."

„Ach Quatsch", sagt Traude.

Sie schauen auf einen Fetzen Zeitung im Kasten, mit dem die Teile geliefert wurden, die ich durch die Maschine gejagt habe.

Tatsache: Traude! Und Horst ist auch drauf und Kurt auch, und da ist Traudes Freundin, die Else und noch zwei, die nicht mehr dabei sind und natürlich Meister und Abteilungsleiter. Aber die kenne ich auch nicht mehr, nur die Nylonkittel und ihre würdevolle Haltung, etwas abseits von den Proleten, sagen mir, wer sie sind.

Ich schmeiße die restlichen Teile raus, jetzt sieht man eine fette Überschrift: BEIM GELD FÄNGT DIE FREUNDSCHAFT AN.

Traude liest laut: Beim Geld hört die Freundschaft . . . beim Geld fängt . . . nee – beim Geld hört die Freundschaft auf! Na, so ein Unsinn!"

Ich berge den Fund: eine Seite aus einer alten Betriebszeitung, die Hälfte fehlt. Um das Bild herum ein wenig Text, aus dem ich nicht schlau werde. Auf der Rückseite ein Datum. Traude weiß nicht mehr genau, wie sie in die Zeitung gekommen ist. Irgendwann waren mal Fotografen da, aber das ist so lange her.

Was habe ich da ausgegraben, Teil für Teil, ohne es zu wissen? – Egal, jetzt ist Pause. Wir gehen in den halbleeren Speisesaal, das Essen ist gut und reichlich, wie meist in der Nachtschicht. Wir schlingen es rein und schlürfen Kaffee. Pause muß sein und Arbeit muß sein, weiter geht's im Akkord, bis die Fenster grau werden und die Augen wie voll Sand sind. Die ersten kommen, die Ablösung, die Erlösung um dreiviertel sechs. Ich rechne meine Minuten zusammen, ein kleiner Schwatz noch, endlich nach Hause, ins Bett.

Um neun bin ich im Hauptwerk, die Sonne blendet. Ich frage mich durch zur „Scheinwerfer"-Redaktion. Vor zwei Schreibtischen erkläre ich, was ich suche, werde zum Chef vorgelassen, erkläre nochmal weitschweifig, darauf bedacht, ihn nicht mißtrauisch zu machen. Das ist er ohnehin: „Wozu brauchen Sie diesen Artikel jetzt noch?!" Ich lüge wie gedruckt: „Für das Brigadetagebuch. Ich soll das Brigadetagebuch schreiben. Und dieser Artikel wurde ja in einem wichtigen Abschnitt unserer Entwicklung geschrieben." Ich mache eine kleine Pause. „Als bei uns die neuen Halbautomaten und die neuen Normen eingeführt wurden. Jetzt wollen wir Bilanz ziehen."

Der Chef wird munter (die Frau aus dem Vorzimmer beginnt schon im Aktenschrank zu suchen): „Und was meinen Sie – was sagen die Kollegen?"

„Nun ja, die Arbeitsproduktivität ist erheblich gestiegen. Wir arbeiten jetzt auch an zwei Maschinen, manche sogar an drei, die fräsen ja viel schneller. Die Belastung ist für uns natürlich größer geworden, deshalb gibt's auch Probleme mit der Qualität."

Der Artikel ist da, vollständig! Die Frau sieht nochmal zum Chef, bevor sie ihn mir gibt. Ich bedanke mich überschwenglich. „Sagen Sie", sagt der Chef, „könnte man nicht mal wieder einen Artikel schreiben, die Entwicklung Ihrer Brigade, damals – heute? Natürlich auch mit den kritischen Aspekten!"

Oh je! Ich verlasse mich darauf, daß solche Angebote in der Regel nicht ernst gemeint sind. „Ja . . . sicher. Ich habe daran noch nicht gedacht, aber ich werde es den Kollegen sagen."

„Gut. Ja, dann hoffe ich, daß wir in Verbindung bleiben. Wie war doch gleich Ihr Name?" Er notiert ihn. Aha. Er will sich absichern, erkundigen. Bitteschön. Den Artikel hab ich und geb ihn nicht wieder her. „Auf Wiedersehen". Auf Nimmerwiedersehen.

Zur nächsten Schicht bin ich etwas früher da, um die andern noch zu erwischen. Die Zeitungsseite geht von Hand zu Hand. Ich habe noch nie erlebt, daß die Betriebszeitung solche Aufmerksamkeit erweckt hat. Der Artikel wurde geschrieben, kurz nachdem in unserer Abteilung Stücklohn und Zweimaschinenbedienung eingeführt wurden. Er lobt diese Maßnahmen, denn die Kollegen hätten nun mehr Geld, Probleme gäbe es nicht mehr, auch die „Zurückgebliebenen" hätten eingesehen, wie gut Stücklohn wäre, besonders unter sozialistischen Produktionsbedingungen. Bei uns hört die Freundschaft beim Geld nicht auf, sondern fängt sie eben erst an."

„Jetzt erinnere ich mich", sagt Traude. „Damals waren Fotografen da, sind hier überall herumgekrochen, haben sich alles angeguckt, und dann hat unser Abteilungsleiter gesagt, wir sollen uns mal fotografieren lassen. Ich wollte überhaupt nicht, was soll ich in der Zeitung? Da gehören doch nur die Großen rein. Was soll ich kleines Arschloch denn in der Zeitung, hab ich gesagt, ich mach hier nur meine Arbeit. Laßt mich in Ruhe, laßt mich man meine Arbeit machen. Aber es half nischt. Dauert doch nicht lange, sagte der, ist doch nischt dabei. Na Gott, und nu bin ich eben in der Zeitung."

„Hast du denn an dem Artikel mitgeschrieben?" frage ich, „oder jemand anders aus der Brigade?"

Sie lacht. „Nee, wieso, seit wann schreiben wir denn Artikel in der Zeitung?"

„Habt ihr ihn wenigstens zu lesen bekommen, bevor er gedruckt wurde?"

„Nee, wieso denn, was ham wir denn damit zu tun?"

„Weil hier eure Namen drunter stehen."

„Zeig mal. Tatsächlich. Das ist ja ein Ding, das sieht ja wirklich so aus, als ob wir den Quatsch geschrieben hätten! Ist aber nicht, bloß fotografieren, stimmt's, Horst?"

„Den hat doch der Abteilungsleiter geschrieben", sagt Horst, „der hockte doch damals immer mit dem Zeitungsmenschen zusammen in seinem Kabuff."

Wolfgang Hinkeldey
Hinter den Kulissen

„Hast du schon gehört, sie wolln den Leistungszuschlag streichen."
„Was ist denn das wieder für eine Parole?!"
„Schön wär's. Nix Parole! Die Hartmann aus der Verwaltung hat's eben auf der Bühne erzählt."
„Quatsch, das können die doch nicht machen!"
„Die können noch was ganz anderes!"

Die Belegschaft des Theaters ist klein. Ein eigenes Ensemble haben wir nicht. Auf der Bühne stehen nur Künstler von den Theatern umliegender Städte. Ungefähr 30 Kollegen sind wir: Kulissenschieber, Beleuchter, Pförtner, Verwaltungsangestellte, Putzfrauen, zwei Meister, ein Dekorateur, ein Tischler und der Direktor. Jeder kennt jeden.

„Da werden wir mal wieder ein Briefchen schreiben müssen. Wolln doch mal sehn, ob sie einem kinderreichen Familienvater die 50 Piepen auch noch abziehen können!"
„Warte doch erst mal ab. Da ist das letzte Wort noch nicht gesprochen."
„Ach, ihr großen Sprecher. Doch dabei wird es wieder bleiben. Was gedenkt denn die Gewerkschaftsleitung zu tun?"
„Ich habe mit dem Chef gesprochen. Er hat telefoniert."
„Soso, er hat telefoniert. Und was hat er denn rausgekriegt, der Herr Chef?"
„Beim Bezirk sagen sie, der Zuschlag fiele weg. Es sei eine Anweisung aus Berlin. In Berlin allerdings wissen sie nichts davon."
„Die und nichts wissen; daß ich nicht lache! Ich schreibe besser gleich nach Berlin."

Bei der nächsten Gehaltszahlung steht es fest: Der Leistungszuschlag wurde gestrichen. Allgemeine Empörung. Peter schreibt seinen Brief. Als Vater von vier Kindern hat er einige Trümpfe in der Hand: Kinderreiche Familien werden besonders gefördert. Auch die Gewerkschaftsleitung hat sich entschließen müssen, ein Eingabe-Schreiben abzufassen. Walter, ihr Vorsitzender, telefoniert mit seinem Bekannten, einem Gewerkschaftsfunktionär beim Bezirk. Der verrät ihm, daß die Kürzung doch von Berlin angeordnet wurde.

„Da wollen sie ganz oben wieder mal die Verantwortung nach Gera abwälzen. Einer schiebt es dem anderen zu, wie üblich."

„Wer weiß, vielleicht hat auch nur so ein Sesselfurzer übers Ziel geschossen."

„Deine Illusionen möchte ich haben."

Die Antwort aus Berlin trifft ein: „Nach genauer Prüfung der Umstände . . . " kommen sie zu dem Schluß, daß der Wegfall des Leistungszuschlages unzulässig war. Die Maßnahme würde rückgängig gemacht. Die Nachzahlung des Betrages für den vergangenen Monat wird zugesichert. Großer Jubel.

Einige Wochen später ist das „Theater der jungen Garde" aus Halle bei uns zu Gast. Wir fragen die Kollegen nach dem Leistungszuschlag. Ihnen wurde er gestrichen. Niemand hatte sich gewehrt.

Wolfgang Hinkeldey
STAATSEMPFANG

Händeschütteln, Bruderkuß
Blasmusik, Salut, ein Schuß
Stillgestanden und Hurra
Tageslosung: Bla bla bla
Begrüßungsrede, Frontabschritt
Staatsmänner mit festem Tritt

Hymnenspiel und Fähnchentand
Große Sprüche an der Wand
Offner Wagen, bunte Bänder
Arbeitsvolk säumt Straßenränder
Mancher Freude im Gesicht:
Planerfüllung ist heut nicht

Vor dem prunkpolierten Schlosse
Hält die schwarze Staatskarosse
Orden gibt es an die Brust
Sekt und Diplomatenlust
Freßgelage, Komplimente
Toasts und Reden ohne Ende
Rundfunk-, Fernsehreportagen
Lichtgeblitz der Zeitungspagen

Am nächsten Tag muß feste ran
Im ganzen Land der Arbeitsmann
Sonderschichten sind zu fahren
Summen gilt es einzusparen
Denn die Zeit ist nicht mehr lang
Bis zum nächsten Staatsempfang

Wolfgang Hinkeldey
Eine Reise nach Warschau

Mittwoch, der 24.10.1973

Wir Jenaer trafen uns auf dem Westbahnhof, fuhren nach Weimar und stiegen dort in den Paris-Warschau-Express. Bei der Grenzkontrolle in Görlitz nahmen uns die DDR-Beamten sämtliche Personalausweise ab und verschwanden damit für eine halbe Stunde, was normalerweise nicht üblich ist. Anschließend konnten wir nach Polen einreisen.

Donnerstag, der 25.10.1973

Gegen 8.00 Uhr morgens kamen wir in Warschau an, gingen zum Frühstück in ein Cafe und trödelten anschließend in ein Kaufhaus. Später trafen wir uns vor dem Kulturpalast mit anderen Jazz-Freunden aus der DDR, die uns den Weg zum Büro der polnischen Jazz-Föderation zeigten. Dort holten wir unsere vorbestellten Eintrittskarten für das an diesem Abend beginnende 16. Jazz-Jamboree ab. Anschließend schlenderten wir wieder zurück zum Kulturpalast. Wir mußten Kontakte für Übernachtungsmöglichkeiten anknüpfen.

Auf den Treppen vor dem Gebäude war es schon belebter geworden. Wir unterhielten uns. Ganz plötzlich umstellte uns Polizei. Man nahm uns die Ausweise ab und schob uns in vergitterte Kleinbusse. Wir mußten stehen, während wir in eine größere Polizeistation gefahren wurden.

Dort mußten wir in einem langen Flur erstmal warten. Fünfzig Jugendliche kamen zusammen, alles DDR-Bürger, bis auf eine Engländerin, die vorübergehend in der DDR lebte, und einen ungarischen Techniker einer Jazz-Formation. Beide kamen durch Einschalten ihres jeweiligen Konsulates bald wieder frei. Wir warteten weiter. Fragen an die uns bewachenden Polizeibeamten, durch Kundige in polnischer Sprache vorgebracht, wurden nicht beantwortet. Eine telefonische Verbindung mit dem DDR-Konsulat lehnten sie ab. Als sich einige, des langen Stehens müde, auf den Fußboden setzten, kam es zu den ersten Reibereien, sie sollten wieder aufstehen. Wir nutzten die Zeit zum gegenseitigen Kennenlernen und tauschten unsere Erfahrungen, besonders solche mit der Polizei, aus. Flöten und Mundharmonikas musizierten.

Nach etwa zwei bis drei Stunden erschien eine Dolmetscherin und erklärte, dies sei eine Rauschgift-Kontrolle (was bekanntlich bei DDR-Bürgern eine ziemlich unnütze Angelegenheit ist). Empörung wurde laut. Sie verschwand wieder. Einige Zeit später tauchte ein Zivil-Beamter auf, der jeden der sich unwillig abwendenden Festgenommenen fotografierte.

Solche Polizeikontrollen hatten wir alle schon erlebt, allerdings nur in der DDR. Im Ausland wurde man als „Tourist" im allgemeinen besser behandelt als die dort Einheimischen. Die Entlassung war für uns nur eine Frage der Zeit, alle waren davon überzeugt, das Jazz-Festival doch noch zu erleben.

Es erschien ein Vertreter des DDR-Konsulates. Er fragte uns, weshalb wir hier wären, und daß wir es nicht wußten, war für ihn schon die erste Frechheit unsererseits. Wenn wir es ihm nicht sagen würden, könne er nichts für uns tun, drohte er. Um ihn herum wurde wild durcheinander protestiert. Einige versuchten ihm zu erklären, wie die Sache lag, doch er hörte kaum zu und konnte seine Verachtung für uns nur schlecht verbergen. Mit dem Schluß, daß wir für ihn keine vernünftigen DDR-Bürger seien, die er im Ausland vertreten könne, verschwand er wieder.

Dann begannen die Verhöre. Sie riefen uns in Gruppen auf, die Betreffenden wurden in einen anderen Gebäudeteil gebracht. Dort führten jeweils zwei Kriminalbeamte die Verhöre in zwei Zimmern durch. Sie verstanden kein Deutsch, und die Dolmetscherin pendelte zwischen den beiden Räumen hin und her. Da die Verhöre nur pro forma geführt wurden, war das nicht weiter problematisch. Getreu dem Vorwand, dies sei eine Rauschgiftkontrolle, untersuchten die Kriminalbeamten die ersten Gruppen oberflächlich nach Einstichstellen. Ich wurde in einer der letzten Gruppen aufgerufen, nach Rauschgift wurde da schon gar nicht mehr gefragt. Sie wollten wissen, warum ich in Warschau sei, ob ich ein Quartier hätte und wieviel Geld ich besäße. Die Frage nach der Unterkunft hatten wir Jenaer erwartet; so hatten wir uns vorsorglich von den anderen die Anschrift eines billigen Hotels geben lassen, das wir als unser anvisiertes Quartier ausgaben.

Erneut mußten wir warten und wurden nun langsam ungeduldig, denn der Beginn des Konzerts rückte immer näher. Nach einer Stunde holten sie uns wieder gruppenweise und nahmen uns alle Habseligkeiten ab. Wir erhielten dafür eine Quittung in polnischer Sprache, auf der wir lediglich die Geldsumme lesen konnten. Die Dolmetscherin ließ durchblicken, daß wir am nächsten Tag zurück in die DDR gebracht würden und jetzt in einem Hotel übernachten sollten, wo wir auch genügend zu essen bekämen.

Die Kriminalbeamten wurden dreister. Es kam zu Handgreiflichkeiten. Als Klaus seiner Freundin zur Hilfe kommen wollte, der die Beamten in einem Zimmer so zusetzten, daß sie um Hilfe rief, beförderten sie ihn unsanft an seinen Ausgangspunkt zurück. Dann führten sie uns in Zellen, die im Keller des Gebäudes lagen. Polnische Polizeibeamte beschimpften einen Jugendlichen, der ein Lenin-Abzeichen an seiner Jacke trug, mit „Kommunistenschwein". Ausdrücke wie „Scheißdeutsche" fielen. Den Insassen einer Zelle wurde die Oberkleidung abgenommen und die Beamten öffneten provokativ das Zellenfenster. Ein Nierenkranker, der polnischen Sprache mächtig, mußte trotz Hinweis auf sein Leiden mit den anderen auf den kalten Fliesen nächtigen.

Die Gruppe, in der ich mich befand, wurde als einzige in einen Kleinbus verladen und in eine entfernt gelegene Polizeistation gebracht. Dort sperrten sie uns in Ausnüchterungszellen, Männlein und Weiblein getrennt. Außer einer großen Holzpritsche gab es kein Inventar in den schmutzigen Verliesen. Auch eine Entlüftung war nicht vorhanden und es stank furchtbar. An Schlaf war nicht zu denken.

Freitag, der 26.10.1973

Gegen Morgen wurden zwei betrunkene Polen in die Zelle gestoßen. Etwa um 8.00 Uhr holte uns der Wachhabende aus den Zellen und telefonierte mehrere Male. Unterdessen bekamen wir zwei Scheiben Weißbrot und ein kaffeesatzartiges Getränk. Dann sperrte uns der Wärter wieder ein. Wir unterhielten uns, so gut es ging, mit den beiden Polen und erfuhren, daß man in Polen zwei Tage ohne Haftbefehl festgehalten werden kann.

Nach zwei Stunden wurden wir dann geholt und zur anderen Polizeistation zurückgefahren. Das konfiszierte Gepäck gab man uns wieder. Anschließend verfrachtete man uns in einen Reisebus, in dem bereits die anderen saßen. Insgesamt waren wir jetzt 43 DDR-Jugendliche.

Die Fahrt ging los. Den Bus begleiteten zwei PKWs der Polizei, im Bus selbst bewachten uns zwei niedere und ein höherer Dienstgrad. Diese erteilten uns die Auflage, nicht miteinander zu reden und nicht zu rauchen. An das erste Verbot hielt sich von Anfang an niemand, das zweite wurde auch bald durchbrochen, worauf die Beamten, als ihr Gebrüll nichts bewirkte, die Deckklappe des Busses öffneten, um frische Luft hereinzulassen. Das war den vorn Sitzenden zu kalt und sie schlossen die Klappe einfach wieder, worauf die Beamten mit einer Tränengasflasche und Gummiknüppeln drohten. Trotzdem wurde weiter geraucht.

Zuerst fuhren wir alle Hotel- und Privatquartiere der Businsassen ab, die ihr Gepäck dort unter Polizeiaufsicht abholen mußten. Um endlich zur Toilette zu kommen, gab einer vor, auf einem Bahnhof Gepäck aufgegeben zu haben. Als er mit Polizeibegleitung in der Bahnhofshalle dann das Örtchen ansteuerte, prügelten ihn seine Begleiter in den Bus zurück. Die Passanten räumten mit auffallender Geschwindigkeit das Terrain.

Dann fuhren wir in Richtung DDR-Grenze. In einem Warschauer Vorort konnten wir, auf allgemeines Drängen hin, die Toilette einer Polizeistation benutzen. Dorthin begleiteten die Polizisten jeden einzeln. Das wiederholte sich dann noch einmal gegen Abend in Poznan. Inzwischen hatten wir unser nicht rücktauschbares Kleingeld gesammelt. Der Busfahrer, offensichtlich kein Polizist, kaufte uns während dieses Toilettenganges Brot, Wurst und Cola.

Während der Fahrt war die Stimmung gut. Zum Unmut der Polizeibeamten wurde viel gesungen und musiziert. Gegen 23.00 Uhr erreichten wir die DDR-Grenze in Frankfurt an der Oder. Unsere polnischen Begleiter verhandelten mit ihren DDR-Kollegen. Wir mußten noch eine Stunde im Bus warten und wurden dann zum Frankfurter Polizeikreisamt gefahren. Durch ein Spalier von Polizisten gelangten wir in das Gebäude, wo man uns in einem Versammlungsraum abstellte. Mehrere Beamte bewachten uns. Jeder von uns schrieb seine Anschrift auf seine

Eintrittskarte; die Karten wurden dann einem Berliner anvertraut, der später jedem eine vervielfältigte Liste sämtlicher Anschriften zusandte.

Wieder warten, wieder Verhöre, diesmal mußte jeder einzeln nacheinander zwei Zimmer passieren. Die zweite Verhörinstanz neben der Kriminalpolizei war das MfS der DDR. Die Fragen in beiden Zimmern gleich: Warum in Warschau, was dort angestellt und weshalb durch die polnischen Behörden ausgewiesen? Meine Antwort wurde mit der schlichten Feststellung: „Ohne Grund treffen die polnischen Organe eine Maßnahme solchen Ausmaßes nicht!" quittiert. Dann wieder warten. Schließlich holten sie uns noch einmal gruppenweise, und wir erhielten statt des uns abgenommenen Personalausweises einen Ersatzausweis PM 12 mit der Begründung, wir hätten dem Ansehen der DDR im sozialistischen Ausland geschadet (der Besitzer eines solchen Ausweises kann während der Frist der Inhabe die DDR nicht verlassen. Bei den innerhalb der DDR bei gewissen Jugendlichen häufig durchgeführten Ausweiskontrollen ist man der Polizei mit diesem Ausweis sofort verdächtig). Die einzelnen Gruppen erhielten die Auflage, jeweils mit dem nächsten Zug Frankfurt zu verlassen. Dazu wurde die Transportpolizei des Hauptbahnhofes informiert, die die korrekte Ausreise kontrollierte. Insgesamt waren wir 41 Stunden festgehalten worden.

Nachspiel

Ein paar von uns Jenaern waren auf dem Kreisgericht zur Rechtsberatung. Ein „Volksrichter" versicherte, nicht helfen zu können, denn dieser Vorfall sei außerhalb des Befugnisbereiches der DDR-Justizorgane geschehen.

Nach brieflicher Absprache mit den anderen Betroffenen schrieben wir jeder eine Eingabe an den Staatsrat der DDR und erhielten nach einigen Wochen den Bescheid, daß der Fall der Generalstaatsanwaltschaft übergeben worden sei. Einige Zeit später reiste ein Beamter dieser Behörde jeden Eingabe-Schreiber einzeln an und eröffnete ihm, daß die Sache geprüft worden sei; die Maßnahme der DDR-Behörden, die Aushändigung des PM 12, werde rückgängig gemacht. Wir erhielten unseren Personalausweis zurück. Gegen die Maßnahmen der polnischen Behörden könne er nichts tun, denn jeder Staat habe das Recht, unliebsame Bürger auszuweisen. Damit müßten wir uns abfinden und könnten nicht damit rechnen, daß dieser Fall auf dem Wege der zwischenstaatlichen Di-

plomatie zur Sprache käme. Eine Entschädigung für unseren finanziellen Verlust (pro Person rund 140 Mark) könne nicht erstattet werden, da ja die DDR-Behörden den Schaden nicht verursacht hätten. Auch die paar Tage Urlaub, die nun futsch waren, konnte uns keine Behörde ersetzen.
Der Beamte riet noch, keine weiteren Schritte mehr zu unternehmen, denn das könne sogar Nachteile für uns haben.

Wolfgang Hinkeldey
ANSICHT NEULOBEDA

Grau
Hocken tapezierte Wohnwaben
Im straßenzerfurchten Acker

Fenster
starren mit hundert Blicken
Blöde mich an

Zwischen Asphalt
Verkünden Disteln
Die Farbe des Chlorophylls

An zählbaren Bäumen
Ein Blatt
Pro Wohnungseinheit

Wolfgang Hinkeldey
ERFOLGSMELDUNG

Auch in diesem Jahr traten
Beim Zersägen unserer Bretter
Keinerlei Späne auf

Wolfgang Hinkeldey
ERFOLG UNSER

ERFOLG UNSER, der
Du stehst in der Zeitung
Geheiligt werde dein Wortlaut
Deine Ziffer melde
Dein Optimismus blühe
Wie im Rundfunk
Also auch im Fernsehn
Unser ruhiges Gewissen
Gib uns täglich
Und vergib uns unsere Kritik
Wie wir vergeben
Unseren Kritikern
Und führe uns
Nicht in Versuchung
Sondern erlöse uns
Von allen Zweifeln
Denn dein ist die Genehmigung
Und unsere Karriere
Also auch unser Beifall
In Ewigkeit
Hurra

Wolfgang Hinkeldey
Nicht trauen

Ich wohnte mit Kerstin in einem kleinen Zimmer der Wohnung meiner Eltern. Es war nicht heizbar und den Winter konnten wir nur im Bett aushalten. Kerstin wurde schwanger. Nun brauchten wir dringend eine Wohnung. Ich ging zum Amt: Nichts. Ein Zimmer stehe mir zu und das hätte ich bereits. Junge Ehen allerdings würden gefördert.
„Wenn Sie heiraten, läßt sich etwas machen."
Weiteres privates Suchen blieb erfolglos. Ich meldete die Trauung an.

Wir treffen uns auf dem Marktplatz mit unseren Freunden und steigen hinauf in den Vorsaal des Standesamtes. Ich gehe ins Büro.
„Ich möchte mich für die Trauung Hinkeldey/Graf melden. Wir sind da."
„Ja sind Sie das etwa selber?"
„Warum denn nicht?"
„Waaas, Sie sind Herr Hinkeldey?!"
„Ja!"
„So . . . nein . . . also in diesem Aufzug wollen Sie von uns getraut werden?!"
„Was heißt denn hier ‚Aufzug'?!"
„Also nein, Herr Hinkeldey, so geht das nicht! So werden Sie von *uns* nicht getraut!"
„Erstens sind das meine besten Sachen, und zweitens dürfte es Sie sehr wenig angehen, wie ich aussehe. Sie solln mich ja nicht heiraten, sondern nur die Trauung vollziehen. Es ist doch immer noch meine Angelegenheit, was ich anziehe!"

„Das finden wir nicht, Herr Hinkeldey! Ich darf Sie auf den § 25 des Familiengesetzes hinweisen. Dort wird nämlich gefordert, daß die Trauung ‚in einer würdigen Form' zu geschehen hat. Und die ist mit Ihrer . . . Garderobe allerdings nicht gegeben!"
„Meiner Würde genügt sie."
„Tja, hier müssen Sie sich schon mal an die gesellschaftlichen Gepflogenheiten anpassen. So werden Sie jedenfalls nicht getraut!"
„Ist das Ihr letztes Wort?"
„Gehn Sie nach Hause, ziehen Sie sich vernünftig an, dann werden Sie hier getraut – sonst nicht!"
„Wie Sie wolln. Ich versichere Ihnen, daß das ein Nachspiel hat. Auf Wiedersehn!"
„Warten Sie mal!" Die Standesamtsvorsitzende telefoniert:
„Guten Tag, Herr Schindler, hier ist das Standesamt, Sakris. Vor mir steht ein junger Mann, der von uns getraut werden möchte. Ich lehne das ab, denn er ist in einem unmöglichen Aufzug erschienen . . . Ja . . . ich kann ihn ja mal kurz beschreiben: Freizeitpullover, eine abgewetzte Cordhose, rote Socken und diese Jesus-Latschen, lange Haare natürlich, ja, und unrasiert ist er obendrein . . . Jawohl, Herr Schindler, nicht trauen. Auf Wiederhören!"
Zu mir gewandt: „Sie haben es gehört: Von uns werden Sie so nicht getraut!"
Ich gehe hinaus zu den anderen und berichte. Kerstin stöhnt: „Ich hab's geahnt." Entrüstung in der Runde.

Die Vorsitzende des Standesamtes empfängt vor dem Zeremonienraum das nächste Paar. Kerstin versucht mit ihr zu reden. Sie wiederholt schroff ihre Ablehnung. Ich frage sie nach ihrer vorgesetzten Behörde.
„Beschweren Sie sich meinetwegen beim Stadtrat für Innere Angelegenheiten, Herrn Schindler."
„Wo finde ich den?"
„Im Stadthaus, Am Thälmannring."
Wir beschließen, dorthin zu gehen. Kerstin und ich werden sofort in das Büro des Stadtrates gebeten. Unsere Freunde müssen im Treppenhaus warten. Das Standesamt hat uns also telefonisch angemeldet. Schulz erhebt sich hinter seinem Schreibtisch. „Sie sind das also." Wir sollen Platz nehmen. Ich bringe unsere Beschwerde vor.
„So einfach, wie Sie sich das machen, geht das nicht! Was sind Sie denn beide von Beruf?"

„Krankenschwester. Elektriker."
„Na sehn Sie. Als ich so alt war wie Sie, waren die Zeiten schlechter. Ich habe damals auf dem Bau gearbeitet und mußte mir zur Hochzeit einen Anzug borgen. Sie verdienen heute genügend, um sich einen kaufen zu können."
„Was soll ich denn mit einem Anzug? Mir gefällt sowas nicht. Warum kann ich denn nicht in normaler Garderobe heiraten?"
„Normal ?? – So wie Sie hier aussehen, gehe ich ja noch nicht mal ins Fußballstadion!"
„Das ist Ihre Sache. Warum können wir uns nicht von solchen Konventionen lösen? Ich habe kürzlich im Fernsehen gesehen, wie in Moskau ein Paar in ganz schlichter Kleidung getraut wurde. Wieso geht das bei uns nicht? Die Sowjetunion ist doch sonst unser großes Vorbild."
„Das fehlte noch, daß Sie mit unseren Freunden argumentieren!"
Wir streiten eine ganze Weile über Äußerlichkeiten. Dann resümiert er:
„Ich frage mich bloß, wie ein junger Mensch heutzutage zu solchen Ansichten kommt. So etwas ist mir ja überhaupt noch nicht vorgekommen. Halt, doch: einmal war da so ein Hippie-Pärchen. Die haben wir gleich wieder nach Hause geschickt. Sie hätten mal sehn solln, wie die wieder beim Standesamt angetreten sind: geschniegelt und gebügelt. Auch wenn Ihnen das nicht paßt, Sie leben in einer Gemeinschaft und da muß man sich unterordnen. Sowas wie Sie ist mir ja überhaupt noch nicht vor den Schreibtisch gekommen."
„Draußen stehen noch mehr davon, unsere Freunde!"
Er springt hinter dem Schreibtisch auf: „Waaas?!! Da sind noch mehr von der Sorte. Wollen Sie hier eine Revolution machen?! – Sekretärin, rufen Sie sofort das Räumkommando. Sofort das Haus räumen lassen. Das ist doch die Höhe!"
Die Sekretärin schaut ihn unschlüssig an, geht dann hinaus, um, wie ich annehme, zu telefonieren. Mir fährt der Schreck in die Glieder. Polizei. Auch das noch. Ich habe eine Biermann-Schallplatte in der Tasche. Ein Hochzeitsgeschenk. Ich sage zu Schulz:
„Sind Sie sich auch über die Konsequenzen im klaren? Wir sind nicht von der Sorte Bürger, die sich ohne weiteres alles gefallen lassen!"

Der Stadtrat geht hinaus. Nach ein paar Minuten kommt er zurück: „Gut, ich habe es mir überlegt. Das Fräulein Graf ist schwanger. Wir müssen Rücksicht auf sie nehmen. Nur aus diesem Grunde, damit wir uns nicht falsch verstehen, machen wir heute mal eine Ausnahme. Sie gehen jetzt sofort zum Standesamt und werden dort getraut. Ich werde das veranlassen. Aber machen Sie sich keine Illusionen. Wir sprechen uns noch."

Wir verlassen das Amt. Unsere Freunde erwarten uns vor dem Gebäude. Beamte des Hauses haben sie hinausgeworfen. Auf die Bemerkung, daß dies ein öffentliches Gebäude sei, erhielten sie die Antwort: „Das ist immer noch unser Haus!"

Bevor die Trauung im Standesamt vollzogen wird, müssen sich alle Beteiligten mit Namen und Anschrift in eine Liste eintragen. Dann nimmt die Leiterin des Standesamtes die Trauung vor. Wegen des Vorspiels wird die Zeremonie zur Groteske. Einige können sich das Lachen nicht verkneifen, als die Beamtin mit saurer Miene ihre Formeln herbetet. Endlich ist es geschafft. Wir stürmen, zur Verblüffung draußen wartender Hochzeitsgesellschaften, johlend hinaus.

Gerd Lehmann

JONNY DAS ROTE AAS SINGT EINE RAPS-ODE FÜR MARY

Das war ein Tag, der war
uns in der Stadt zu still
da sind wir ausgeflogen
in's Sommerland-Idyll

Sie war ein Schatz
ein wildes Weib
da roch nach Raps
ihr junger Leib
ihr junger Leib

Von Busch zu Busch paar Göhren
die lunzten uns wohl nach
und durch die Neugierwiesen
sprang kalt ein guter Bach

So flogen wir davon
quer durch die Liebeswiese
sie war mein Plapperstorch
ich war ihr Sommersprossenriese

So lagen wir in uns
zwei kleine Menschentiere
vier Arme, Bauch an Bauch,
zwei Köpfe auch, die Beine viere

Sie war mein Schatz
mein wildes Weib
da roch nach Raps
ihr junger Leib
ihr junger Leib

Michael Sallmann
Die Wahl

Der Wahlsonntag war herangekommen, ein Sonntag im warmen Wonnemonat Mai, und ich war weg aus Leipzig, war im Erzgebirge, in meiner damaligen Heimatstadt Thalheim, die laut Ausweis mein Hauptwohnsitz war. (Tatsächlich kam ich im Jahr nur dreimal dorthin, um meine Mutter zu besuchen.) Drei Tage vor der Wahl hatte ich erfahren, daß ich in Leipzig, wo ich als Student polizeilich nur für eine Nebenwohnung gemeldet war, gar nicht wählen könnte und daß mir die offizielle Wahlbenachrichtigung in Thalheim im Erzgebirge zugestellt worden wäre. Da ich mich in dieser kurzen Frist nicht mehr über die aufgestellten Kommunalkandidaten meines Hauptwohnsitzes hatte informieren können, trug ich mich mit der festen Absicht, mich bei den Wahlen der Stimme zu enthalten.

Gleich nachdem ich erfahren hatte, daß ich nicht in Leipzig, sondern in Thalheim zu wählen habe, hatte ich bei dem für meine Seminargruppe zuständigen Dozenten (ich studierte damals noch) einen Antrag auf einen Tag Beurlaubung eingereicht, um zumindest auf der letzten Wahlveranstaltung in Thalheim anwesend zu sein. Der Antrag wurde abgelehnt. Unentschuldigt einen Tag den Vorlesungen fernbleiben wollte ich nicht, denn an den Fachschulen werden ungenehmigt versäumte Stunden mit strengen disziplinarischen Strafen belegt. Und ich hatte schon eine ganze Reihe von Vorlesungen versäumt. Ich war in dieser Beziehung ja auch kein Engel.

An diesem Wahlmorgen nun machte ich mich mit meiner Mutter gegen neun Uhr auf den Weg zum Wahllokal. Meine Mutter, die dem Wahlvorgang völlig desinteressiert und eingeschüchtert gegenübersteht, wollte einfach ihren „Zettel" abgeben und ihre Ruhe haben. Das Wahllokal war an diesem Sonntagmorgen schon lebhaft besucht. An der hinteren Wand stand eine lange Tischreihe, die mit rotem Fahnentuch bedeckt war. Hinter ihr saßen die Wahlhelfer; sie hatten die Aufgabe, die Wähler bei den Formalitäten der Wahl anzuweisen. Dem am weitesten rechts sitzenden Wahlhelfer mußte ich meine rote Wahlbenachrichtigungskarte und meinen Personalausweis vorlegen. Nachdem sich der Mann von meiner Identität überzeugt hatte, konnte ich zwei Schritte weiter nach links vor den nächsten Helfer treten. Der schaute sich nochmals Karte und Ausweis an, behielt die Karte und drückte mir dafür die Stimmzettel in die Hand. „So, bitte nicht herumträumen".

In der Tat war ich ziemlich verklemmt. Ich wußte sozusagen nicht, wie ich mein „frevelhaftes" Vorhaben beginnen sollte.

„Entschuldigen Sie, ich möchte mich der Stimme enthalten, was soll ich denn da mit diesen Zetteln machen?" begann ich mit belegter Stimme. Wahlhelfer Nr. 2 nahm die Brille ab. „Wie bitte? Ich verstehe Sie wohl nicht richtig?" Er blickte mich fassungslos an. Ich wußte nicht, was ich antworten sollte. Peinliches Schweigen entstand. Alle blickten mich an, so daß die ganze Wählerei ins Stocken kam.

„Ja, hm, der Stimme enthalten", wagte ich mich wieder hervor und räusperte mich. Um mich herum nervöses Füßescharren.

Wahlhelfer Nr. 3, zu dem ich nun eigentlich hätte treten müssen, überbrückte mit munter-aufheiternder Stimme die Situation: „Herr Sallmann, Sie müssen die Zettel jetzt zusammenfalten und hier in die Wahlurne stecken!" Er wies mit seinem Finger einladend auf den Kasten mit dem Schlitz.

„Nein, nein", erwiderte ich, „ich möchte mich doch der Stimme enthalten, ich hab doch die Kandidaten gar nicht kennenlernen können und weiß nicht, wie ich mich als Wähler anders verhalten soll, als mich der Stimme zu enthalten." Im Hintergrund lachte jemand schrill. Kinder plärrten. Sonst war alles still. So blieb es einige Sekunden lang, dann schob einer der Wahlhelfer energisch seinen Stuhl zurück: „Was will denn der! Der stört den Ablauf, das soll doch alles zügig gehen!" Und zu mir gewandt: „So gehts doch nun auch nicht! Sie bringen uns ja hier alles durcheinander!"

Ich hörte, wie der neben ihm sitzende Wahlhelfer ihn fragt: „Ist das nicht der junge Sallmann? Studiert der nicht in Leipzig?"

„Ja, ich glaub, der studiert", antwortete der Erste und setzte sich wieder hin. Nun fing der andere an. Er fuhr von seinem Stuhl hoch wie eine Rakete: „Sind Sie nicht der Herr Sallmann?" ging er mich mit spitzer, schriller Stimme an; dann, mit beifallheischender Geste an die Leute im Raum gewandt: „Studiert, will aber hier stänkern!"
Ich gab nun schon recht kleinlaut zurück: „Aber ich will mich doch nur der Stimme enthalten und nur von Ihnen wissen, wie ich mich dabei zu verhalten habe mit diesen Zetteln hier. Soll ich sie etwa zerreißen oder so zurückgeben oder was?" Nun war Wahlhelfer Nr. 2 wieder dran. Er war aufgestanden und sagte mit fast beschwörender Stimme: „Überlegen Sie sich doch, was Sie tun, was wollen Sie nur damit beweisen!"

Meine Mutter, die die ganze Zeit neben mir stand, forderte er auf, doch einzuschreiten und mich zur Vernunft zu bringen: „Er weiß nicht, was er tut. Sie sehen doch, hier staut sich alles!" Es folgte eine hilflose Gebärde.
Der Typ, der mich so scharf angegangen war, hackte wieder auf mich ein: „Können Sie vielleicht begründen, warum Sie sich der Stimme enthalten wollen?" Und mit empörter Steigerung (er platzte sozusagen): „Sowas darf ja wohl nicht wahr sein. Und das bei uns, wo für die Jugend alles, aber auch wirklich alles getan wird!"
„Was hat das denn damit zu tun?" schrie ich zurück, „Menschenskind, ich kann doch niemanden ablehnen oder wählen, von dem ich überhaupt nichts weiß, ich bin gestern erst aus Leipzig gekommen." Ich erzählte den Leuten den Schnickschnack, der dieser Staatsaffaire vorausgegangen war. Dabei kam ich in Wut und endete mit dem Satz: „Und jetzt sagen Sie mir endlich, wie der Laden hier weitergeht!"
„Laden hat er gesagt", zeckte der scharfe Typ von Wahlhelfer wieder los. „Auf unsere Kosten studieren und sich dann der Stimme enthalten! Das werden wir mal der Schule schreiben, wie dieser Bürger sich hier gegen seinen Staat stellt!"
Jetzt war es an mir zu platzen. „Stelle ich mich gegen den Staat oder gegen Eure Dussligkeit, verdammich, soll ich denn wirklich Leute wählen, von denen ich nicht einen Furz kenne, wollt Ihr das wirklich so haben!?"
Wahlhelfer Nr. 2 packte mich halb bittend, halb fordernd am Ärmel und versuchte, mich in Richtung Urne zu schieben. Offensichtlich wurde ihm die Angelegenheit langsam unheimlich. „Kommen Sie, machen Sie doch keinen Quatsch, stecken Sie die Zettel rein, und damit hat sichs. Dann wollen wir das alles hier auch vergessen."

„Jetzt fängt der wieder an", schnaufte ich und riß seine Finger von meinem Ärmel.
Wahlhelfer Nr. 1, der nun auch vor mir stand, fuhr mich an: „Bitte sehr, wenn Sie sich offen gegen den Sozialismus stellen wolllen, haben Sie die Möglichkeit, mit ‚nein' zu stimmen!"
„Aber warum denn nur", rief ich verzweifelt, „ich kenne die Leute doch nicht!" Da riß mir Wahlhelfer Nr. 3 plötzlich die Stimmzettel wieder aus der Hand. „Na, da geben Sie die Zettel eben wieder her, wenn Sie selber nicht wissen, was Sie eigentlich wollen. Entweder so oder so, denken Sie vielleicht, wir braten hier jedem seine Extrawurst! Bei uns nicht! Hier nicht!"
Diese Worte erreichten mich nur noch aus größerer Entfernung, als ich gerade die Tür hinter mir zuwarf.

Am Nachmittag redeten wir beim Kaffee im Familienkreis über die turbulente Szene des Vormittags. Als wir so gemütlich dasaßen und aßen, klingelte es. Meine Mutter ging hinaus, um zu öffnen, und kehrte mit zwei Herren in grauen Festtagsanzügen und Parteiabzeichen der SED wieder zurück. „Die beiden Herren wollen zu Dir."
Der eine trug unterm Arm – die Wahlurne. Sie schleppten mir das Ding hinterher!
„Wir sind gekommen, um mit Ihnen noch einmal in aller Ruhe zu sprechen, jetzt, wo sich die Gemüter wohl wieder beruhigt haben", zwitscherte der mit der Urne. „Wir zwei sind von der Ortsparteileitung der SED!! Wir haben uns dieses Zwischenfalls kompetenterweise angenommen. Kennen Sie denn die Kandidaten wirklich nicht oder ist das nur ein Vorwand, das können Sie doch sagen. Wir sollten überhaupt offen zueinander sein!"
Nachdem ich letzteres ausdrücklich begrüßt hatte, erzählte ich den beiden die ganze Story noch einmal, bis in die kleinste Kleinigkeit hinein.

Die beiden SED-Genossen schlürften ihren Kaffee und blickten betreten drein. Dann faßte mich der Urnenlose tief ins Auge: „Wenn dem so ist, Herr Sallmann, dann – na, wie soll ich das sagen – dann sollten Sie zur Staatsmacht mehr Vertrauen haben! Unsere Kandidaten sind doch alle vorher geprüft und ausgesucht worden. Sie sollten ihnen Ihr Vertrauen einfach *SCHENKEN.* Sozusagen als Vertrauensbeweis gegenüber den Organen der Volksmacht."

Der Arme. Nun freute er sich, daß er die Kurve derart gut gekriegt hatte. Leider Gottes stieß er bei mir auf totales Unverständnis gegenüber seiner Denkweise.

„Also, ich habe kein abstraktes Veranwortungsgefühl zu den Staatsorganen, wenn Sie das meinen! Ich gebe meine Stimme nur denen, deren Ziele und Vorstellungen ich kenne und billige."

Die beiden schwiegen. Schließlich klemmte sich der eine die Urne vor den Bauch. Sie standen auf. „Wir dachten, Sie wären zur Vernunft gekommen. Sie sind ein hartnäckiger Fall. Wir dachten wirklich, Ihnen wäre an der Klärung dieser Angelegenheit gelegen."

„Und ich dachte, ich hätte mich Ihnen erklärt. Ob Sie mich verstanden haben oder nicht, ist ja nun zum gewissen Teil auch Ihre Sache!"

Sie gingen und trugen die Urne mit sich davon. Negative Auswirkungen auf mein Studium hatte der „Vorfall" nicht. Am gleichen Tag erfuhr ich, daß unmittelbar, nachdem ich wutentbrannt und verärgert aus dem Wahllokal hinausgestürmt war, fünf Leute, welche die ganze Zeit Augenzeugen des „Vorfalles" gewesen waren, mit „NEIN" gestimmt hatten.

Michael Sallmann
SCHLECHTER RAT

Bei den Kommunalwahlen
Enthielt sich der Student S.
Der Stimme,
Da er, trotz intensiver Bemühungen
Keines Kandidaten Vorschläge hatte
Kennenlernen können!
In der wegen dieses Zwischenfalls
Mit ihm geführten Aussprache
Erklärte ein Genosse
Der Ortsparteileitung:
Die Kandidaten seien allesamt
Geprüft und ausgewählt, er solle
Doch ihnen sein Vertrauen
Einfach schenken!

Hatte jener Genosse
Die Wahlen verwechselt
Mit einem Test,
Ob das Volk sein Vertrauen
Verschenkt?

Michael Sallmann
Beginn des Praktikums

Seit wenigen Tagen bin ich Praktikant in einem Leipziger Baukombinat. Die betrieblichen Stellen, mit denen ich zu tun habe, fühlen sich verpflichtet, höchst wissenschaftliche Pläne über den Hergang meiner Praktikumszeit mit mir auszuarbeiten. Ich soll ihnen meine Vorstellungen unterbreiten und dann, so sagen sie, sollte man sich zusammensetzen. In den Büros sind alle um mich bemüht. Sie erzählen mir, daß sie ebenfalls auf der Schule sind und es eigentlich gar nicht so schwer sei. Aber in Wirklichkeit sind alle ziemlich ratlos und wissen überhaupt nichts mit mir anzufangen.

„Das muß sich alles erst einspielen", sagt der Direktor des Kombinats. „In einigen Wochen erst haben wir die Möglichkeit, Ihnen einen Arbeitsplatz mit Entscheidungsbefugnis und entsprechender Verantwortung zu geben. Bis dahin muß man erstmal sehen."

Da ich für den Einsatz auf dem Gebiet der Arbeitsökonomie vorgesehen bin, werde ich fürs erste im Bereich der Materialwirtschaft eingesetzt, die mit der für mich vorgesehenen Tätigkeit sehr wenig zu tun hat. Der Lagerverwalter eines außerhalb Leipzigs gelegenen Betonteillagers ist erkrankt, und ich soll einspringen. Der Kombinatsdirektor beruhigt mich: „Es ist ja nur für ein paar Tage!"

Das Lager ist wirklich sehenswert. Ein Stück weg von Leipzig und ganz autonom (mit eigenem Büro). Es ist in einem derart verwahrlosten Zustand, daß der Stellvertreter des Kombinatsdirektors nur ein entsetztes Oh! hervorbringt, als er mir den Lagerplatz zeigt.

Eines Morgens ist es soweit. Ich beginne mit der Verwaltung des Platzes. Zwei Männer sind für die auf dem Gelände anfallenden Arbeiten zuständig. Ich putze jeden Morgen die Fensterscheibe und sehe den lieben langen Tag auf die zwei. Meine Aufgabe besteht laut Unterweisung darin, zu überwachen, daß alles seinen Gang geht. Außerdem habe ich alle Lieferzettel, die ein- und ausgehen, zu unterschreiben. Als ich den Arbeitern helfen will, sagen sie: „Ne, lieber nicht, setz du dich mal in deine Bude und bewach deine Zettel. Wir machen das hier schon." Ab und zu klingelt das Telefon und betriebliche Stellen fragen an, ob dies oder jenes angekommen sei und was zum Teufel nun wieder für Quatsch auf den Lieferzetteln stünde, wenn ich ihren Inhalt vorlese.

Nachts wird vom Platz enorm viel geklaut. Ich sehe das, wenn ich am nächsten Morgen vom Bus komme und die Zaunfelder noch ausgehangen sind. Ich kann nichts weiter tun, als den Vorfall durchs Telefon zu geben. Am späten Vormittag, wenn ich an meinem Schreibtisch vor mich hindämmere, kommt die betriebliche Kontrollkommission, die mir vorwirft, zu wenig Einsatz beim Schutz des sozialistischen Eigentums zu zeigen. Die Kommission besteht aus Parteisekretär und Kombinatsdirektor. Ich sage den beiden, daß ich keine Lust habe, auch noch die Nacht in dieser Einöde zuzubringen. Das sehen die beiden nun auch wieder ein, und alles hat sich erledigt. Meinen Vorschlag, einen Zaun neu um das Lager zu bauen, weist die Kommission mit dem Hinweis, daß für einen solchen Zaunneubau in diesem Jahr keine Mittel vorgesehen seien, ab.

Ein-, zweimal am Tag ist eine Lagerbegehung notwendig, um die Langeweile in der tiefen Einsamkeit des Büros zu überlisten. Eine Möglichkeit, zu Mittag warmes Essen einzunehmen, gibt es nicht. Jeden Tag geht einer von uns dreien in den 3 km entfernt liegenden Laden und kauft für Frühstück und Mittagessen ein.

Nach Mittag verschwinden die Arbeiter. Die Arbeit des Tages ist getan, und sie gehen nach Hause. Ich sehe das ein. Es wäre sinnlos, wenn sie stundenlang herumhocken würden. Zu Hause haben sie genug zu tun. Ruft jemand vom Betrieb an und verlangt einen der beiden, sage ich, daß der Kollege gerade einen LKW entlädt und deshalb nicht zu sprechen ist. Der Fahrer habe es eilig.

Nicht zu vergessen sind die Karnickel des eigentlichen Lagerplatzverwalters. Er hat sie im zweiten Büroraum einquartiert. Gleich am ersten Tag ist er da und unterweist mich, die Schnapsflasche schwenkend, in ihrer Fütterung. Über den Lagerplatz und die Lieferzettel sagt er kein

Wort. Als er zum zweiten Mal kommt, frage ich ihn, ob er sich schon einmal Gedanken über die effektivere Bewirtschaftung des Lagers gemacht habe.
„Weißt Du", sagt er, „als ich vor sechs Jahren diesen Platz übernommen hab, bekam der Betrieb von mir im Verlauf von 12 Wochen vier Verbesserungsvorschläge. Ich hatte einiges ausgeknobelt, wie dieser Laden hier in Schuß zu bringen sei. Die Vorschläge wurden angenommen und ... nicht in die Tat umgesetzt. Da habe ich es eben sein lassen und mir die (er weist auf seine Karnickel) angeschafft."

Der Raum, in dem er sonst und in dem ich jetzt sitze, ist nicht heizbar. Aber es sind Gasflaschen und ein Schweißgerät da, und wenn es zu kalt wird, kommen die Arbeiter ins Büro, zünden den Schweißbrenner an, und bald ist es warm. Mein Abteilungsleiter, der mich des öfteren zwecks Kontrolle besucht, weiß von dieser Heizungsmethode. Aber er ist nicht dagegen, denn der Einbau einer Heizung ist erst in 6 Jahren vorgesehen.

Michael Sallmann
Exmatrikulation

1. Die Einladung

Diese Geschichte spielte sich im Sommer 1974 ab. Ich stand nach drei Jahren Studium wenige Wochen vor meiner Examensarbeit. In den Sommermonaten absolvierte ich den praktischen Teil des Studiums im Verkehrs- und Tiefbaukombinat Leipzig. Mir ging es da recht gut, denn ich hatte eine mir wohlgesonnene Chefin. Sie ließ mich arbeiten, vertuschte es, wenn ich verschlief und schrieb mir gegen Ende des Praktikums eine überschwengliche Beurteilung. Dieser zufolge wäre ich mindestens die Nummer zwei am ökonomischen Nachwuchshimmel der DDR geworden, hätte sich nicht alles ganz anders entwickelt.

Zu jener Zeit nämlich wurde mein Verhältnis zu dieser Chefin so herzlich, daß ich nicht umhin konnte, sie zu mir nach Hause einzuladen. Sie kam und brachte ihren Mann mit. Die Frau war damals so gegen fünfzig. Ich muß das hier sagen, damit niemand denkt, ich hätte an ihr ein erotisches Interesse gehabt.

Ihr Mann war schon in den Sechzigern und ziemlich klapprig, aber sehr nett. Die beiden stammten aus München. 1956, so erzählten sie, seien sie in die DDR übergesiedelt. Ich fand das nicht schlecht, auch, daß ihr Mann Widerstandskämpfer gewesen war. Kurzum: Ich hatte Vertrauen zu ihnen.

An diesem Abend tranken wir sehr viel Wein, und als wir die letzten Hemmungen weggetrunken hatten, bat mich die Chefin, doch die Gitarre zur Hand zu nehmen und ein paar meiner Lieder zu singen. Ich tat es.

Mit dem Erfolg, daß sie mich überschwenglich lobte, damit meine Eitelkeit anstachelte und mich zu der Kühnheit verleitete, ihr ein Biermannlied vorzusingen.

„Ach, das ist ja noch kritischer als die Lieder von Ihnen", sagte sie etwas erschrocken. Ich hatte mich bis zu diesem Abend leichtsinnigerweise mit ihr noch nie direkt über Politik, sondern immer nur über Kunst und dergleichen unterhalten. Aber daß sie in der SED war, wußte ich. Doch das hat ja nun wirklich nichts zu sagen.

Natürlich wollte sie wissen, wer denn dieser Biermann sei. Ich glaube, sie kannte ihn tatsächlich nicht. Das Schicksal ging seinen Weg. Ich fing sofort an, ihr die ganze Affaire Biermann nach bestem Wissen und Gewissen darzustellen. Als ich damit fertig war, drückte ich ihr auch noch Biermanns „Deutschland, ein Wintermärchen" in die Hand. Sie versprach, es zu lesen, und lud mich für die kommende Woche zu sich ein.

So weit, so gut. Zwei Tage, bevor ich sie besuchen wollte, wurde sie kühler und abweisender zu mir. Dann saß ich abends auf ihrem Kanapee. Rein zufällig war ihr Schwiegersohn auch da, und schon bei der ersten Tasse Kaffee fing sie an: „Also dieser Biermann, das ist ja nun wirklich das Letzte. Der hetzt ja gegen uns. Ich hab das Buch zwar nicht gelesen, aber meine Tochter, die hat drin rumgeblättert, die kannte den schon. Biermann ist unser schlimmstes Gift, hat sie gesagt. Daß Sie sich so für den einsetzen!" (Ihre Tochter war damals Redakteurin bei der „Leipziger Volkszeitung".)

Ihr sehr gepflegt aussehender Schwiegersohn, der zwei wild funkelnde Augen hinter den Brillengläsern sitzen hatte, jagte diesem ersten Schuß gleich eine ganze Salve hinterher. Er schnitt mir, als ich gerade meine Biermannverteidigungsrede anfangen wollte, einfach das Wort ab: „Ich diskutiere über alles, wirklich über alles, ich bin Mitglied der Arbeiter- und Bauerninspektion, aber über Biermann, dieses Schwein, da wird nicht diskutiert."

Ich wollte ihn besänftigen: „Warum denn gleich zu den Tieren . . . ?" Aber es folgte nun Schlag auf Schlag: „Herr Sallmann", ereiferte sich meine Chefin, „mein Schwiegersohn hat drei Studien in der Sowjetunion absolviert, er weiß schon ganz gut, was er redet, auf ihn könnten Sie hören. Überlegen Sie doch mal selber, der Biermann, das ist doch ein Jude, stimmts?" Ich bejahte, wenn auch leicht verwundert.

„Na, sehen Sie! Die Juden sind doch immer schon drauf aus gewesen, Geld zu machen. Das ist noch nie anders gewesen. Und der kommt da-

her und scheffelt Westgeld und darf dafür auch noch unsere Jugend versauen. Da hört aber der Spaß auf."
Was erzählte die da für einen Unsinn? „Demnach müßten Sie auch der Meinung sein, Heinrich Heine sei nichts weiter als ein geldgeiler Jude gewesen, ein übler Geschäftemacher."
„Na, das ist wohl etwas fehlgegriffen", unterbrach mich belehrend der Schwiegersohn. „Aber ich will Ihnen mal erzählen, was ich in Kiew erlebt habe. Da haben die sowjetischen Behörden entdeckt, daß einige Betriebsleiter, natürlich jüdischer Abstammung, sowas wie Vetternwirtschaft betrieben haben. Die ganze Clique wurde abgelöst. Und wenn Sie mich fragen, also ich will Ihnen mal was sagen: Ich hätte mit diesen Leuten noch was ganz anderes gemacht. Da muß man richtig durchgreifen. Sonst wird das nichts!"
„Antisemit sind Sie wohl gar nicht!" knallte ich ihm in sein Dreistudiengesicht.
Meine Chefin war unterdessen musikalisch geworden, sie trommelte mit den Fingern auf den Tisch. „Überlegen Sie sich, was Sie hier sagen, ich laß doch meinen Schwiegersohn nicht von Ihnen beleidigen!"

Wenn die Stimmung bei Besuchen solche Höhepunkte erreicht hat, soll man besser gehen. Vom nächsten Tag an ging mir meine Chefin aus dem Wege; sie sprach nur noch dienstlich mit mir. Ich sollte merken, daß sie sich von mir distanzierte. Schön, dachte ich, das soll sie halten, wie sie will.

Einige Zeit später kam sie an meinem Schreibtisch vorbeigehuscht und warf mir wie nebenbei zu: „Morgen früh ist eine Aussprache mit Ihnen beim ökonomischen Direktor des Kombinats über Ihre Leistungen während des Praktikums. Punkt acht."

2. Die Aussprache

Früh um acht sollte es losgehen. Fünf vor acht klopfte ich an die Tür zum Vorzimmer des ökonomischen Direktors. Seine Sekretärin ließ mich rein. „Ich mach Ihnen einen Kaffee. Sie sollen hier warten, hat Wundi gesagt." Wunderlich hieß der Direktor. Ich setzte mich. Blöde Situation, dieses Gewarte.
„Ist er schon drin?" fragte ich und zeigte auf die Polstertür zu Wundis Zimmer. „Ja, er ist schon drin." Die Sekretärin tippte weiter wie eine Besessene.

Als ich schon auf den Grund meiner Kaffeetasse blicken konnte, kam der Kaderleiter des Kombinats ins Zimmer gerannt. Er nickte der Sekretärin kurz zu und verschwand hinter der Polstertür, die sich leicht schwappend hinter ihm schloß. Mich hatte er glatt übersehen. Na sowas?! Bald kamen auch meine Chefin, der stellvertretende Direktor meiner Schule und der Parteisekretär des Kombinats. Alle nickten kurz zur Sekretärin, bevor sie von der Polstertür geschluckt wurden, die sich, wiederum leicht schwappend, hinter jedem schloß.

Wie es aussah, waren alle wegen mir gekommen, aber keiner hatte mich aufgefordert, ihm ins heilige Zimmer zu folgen. Na ja, sagte ich mir. Mal abwarten. Das Abwarten dauerte eine ganze Stunde. Ich mußte wahrlich Bedeutendes geleistet haben, daß eine Meute solch hoher Tiere derart lange über mich debattierte. Dann endlich war es soweit. Der Sprechapparat auf dem Tisch der Sekretärin räusperte sich und verlautete, sie solle „ihn" jetzt reinschicken.

„Sie sollen jetzt reingehen", gab mir die Sekretärin mit einem verheißungsvollen Augenaufschlag weiter.

Ich trat in den Raum wie ein Künstler vor sein Publikum, das lange vor dessen Erscheinen über ihn getuschelt hat. Mein Herz klopfte, als ich all diese strengen Augen auf mich gerichtet sah. Man pflegte hufeisenförmig zu sitzen. Ich wurde an die offene Seite des Eisens, das ein Konferenztisch war, dirigiert.

Um meine Unsicherheit zu verbergen, blickte ich die Leute, die es augenscheinlich auf mich abgesehen hatten, fröhlich an und fragte optimistisch: „Na, wie gehts?" Aber das zog nicht. Sie blätterten in ihren Papieren und schwiegen.

Der Direktor begann, ohne aufzuschauen: „Herr Sallmann, wir sitzen hier zusammen, um mit Ihnen die Ergebnisse Ihrer praktischen Arbeit im Kombinat auszuwerten. Uns liegt hier ein Bericht Ihrer Chefin vor, in dem Ihre Arbeitsweise und Ihr Fleiß sehr gewürdigt werden. Das freut uns für Sie." Dabei machte er ein ganz trauriges Gesicht. „Es gibt da aber noch eine andere Sache", fuhr er fort. „Frau W. (meine Chefin) hat lange mit sich gekämpft, aber dann hat sie sich doch entschieden, uns Mitteilung zu machen. Es geht um Ihre Freundschaft zu dem uns allen (er blickte in die Runde) recht bekannten Herrn Biermann."

„Das kann man wohl sagen", „unerhört", „solche Leute kennen wir schon" und anderes mehr wurde halblaut, aber grimmig von den Anwesenden ausgestoßen.

Ach, diese Schlange hat mich also verpfiffen, dachte ich und sprang meiner Chefin über den Konferenztisch hinweg an die Kehle . . . In Gedanken.

„Herr Sallmann, Sie sollen einmal ein Menschenkollektiv anleiten und das recht bald." Der stellvertretende Direktor meiner Schule runzelte die Stirn. „Durch die Informationen von Frau Warnke ergaben sich bei uns Zweifel an Ihrer politischen Einstellung gegenüber unserem Staat. Wir haben uns daher beim Kulturkabinett des Bezirkes gemeldet, um herauszufinden, welcher Art Ihre Aktivität als sogenannter Liedermacher ist. Das Ergebnis habe ich vorhin in dieser Runde bekanntgegeben."

„Darf ich es auch erfahren?"

„Nein!" Das klang ziemlich schroff. „Für Sie dürfte das uninteressant sein."

Na, sowas!!

Es folgte eine Befragung über mein Verhältnis zu Biermann: Wie stehen Sie zu ihm und seinen Ansichten, wann kennengelernt, wie oft besucht? Dann die eigenen Lieder. Wie haben Sie dies, wie haben Sie jenes gemeint? Warum diese scharfen Formulierungen?

„Und Sie wollen in unserem Kombinat eine Abteilung von Menschen leiten? Sie?" Der Kaderleiter des Kombinats lachte geringschätzig auf. „Was wollen Sie den Kollegen denn erzählen, wenn Sie mit ihnen über die neuesten Parteibeschlüsse sprechen sollen? Können Sie mir das vielleicht sagen, he?"

„Na, ich würde ihnen diese Beschlüsse vorlesen und dann darüber sprechen. Jeder soll sagen, was er denkt, wenn er dazu überhaupt was denkt. Ich sage dann auch, was ich denke."

Die Versammelten lachten gemeinsam auf.

„In Anbetracht dieser neuen Informationen über Sie, und Sie wissen ja, daß wir schon immer mit Ihnen Ärger hatten, sind Sie hiermit erstmal vom Studium beurlaubt. Zu anderen Entscheidungen bin ich nicht befugt."

Dieser vom stellvertretenden Direktor abgefeuerte Schuß saß. Die machten ja wirklich Ernst! „Wie es weitergehen soll, teilen wir Ihnen binnen vierzehn Tagen schriftlich mit."

„Moment mal." Sie hatten meinen Widerstandsgeist gekitzelt. „Vielleicht lassen Sie mich auch noch was sagen. Sie scheinen hier Fakten sammeln zu wollen, die Ihnen beweisen, daß ich nicht auf der Linie der Partei liege. Das mag stimmen. Ich möchte Ihnen aber zu bedenken ge-

ben, daß Sie sich dabei auf Aussagen meiner Chefin verlassen, die meiner Auffassung nach selbst gegen die offizielle Politik ihrer Partei verstößt!"
Was meine Chefin konnte, konnte ich schon lange. Ich erzählte die Geschichte vom Juden Biermann und von den ukrainischen Juden, mit denen man noch was ganz anderes machen müßte.

Danach natürlich Schweigen. Dann der Parteisekretär des Kombinats: „Das sind sehr schwere Vorwürfe! Frau W., entspricht das den Tatsachen?" Er antwortete gleich selber: „Doch wohl nicht. Sie bringen hier verleumderische Dinge ins Spiel, die für Frau W. außerdem noch sehr verletzend sind. Sehen Sie sie an und bemerken Sie, wie tief Sie sie gekränkt haben."

Ich sah meine Chefin an. Tatsächlich. Rot wie ein Truthahn war sie geworden. Die Lippen zusammengekniffen, saß sie da und starrte mich an. Sie hatte jetzt einen bösen Lehrerblick bekommen wie ihr Schwiegersohn seinerzeit. „Dieser Mensch lügt. Er lügt ganz schamlos", zischte sie.
Sie wollte anscheinend mit mir streiten. Aber ich verspürte keine Lust, an diesen verschworenen Haufen wütiger Funktionäre, die von vornherein gewußt hatten, wie diese „Unterhaltung" enden würde, meine Argumente zu verschwenden.

3. Die Vorladung

Vierzehn Tage später. Ein Brief mit einer Vorladung war angekommen, und so marschierte ich gemäß dem darin angegebenen Zeitpunkt zum Direktor meiner Schule.

Ich begegnete ihm schon auf dem Flur vor seinem Sekretariat. „Aha, da sind Sie ja. Kommen Sie gleich mit." Er schien auf mich gewartet zu haben. Als wir in seinem Zimmer Platz genommen hatten, telefonierte er nach der Kaderleiterin und dem Parteisekretär: „Er ist da. Kommen Sie bitte sofort hoch zu mir."

Als die beiden endlich eintrafen, ging es los: „In der mit Ihnen vor vierzehn Tagen geführten Aussprache hat sich für uns ergeben, daß Sie als Führungskader eines Kollektivs ungeeignet sind. Sie werden deshalb mit sofortiger Wirkung von Ihrem Studium exmatrikuliert."
„Dagegen protestiere ich", kam es mechanisch aus meinem Mund. Ich

hatte mir ja ungefähr denken können, was mich hier erwartete. „Es ist ein Verstoß gegen jegliche sozialistische Gesetzlichkeit, wenn Sie mich wegen politischer Meinungsverschiedenheiten zwischen mir und Ihnen an der Beendigung meines Studiums hindern."

„Da muß ich aber lachen", platzte der Direktor los. Das Wort führte immer nur er. Die beiden anderen schienen sich in ihrer Haut nicht ganz wohl zu fühlen. Sie duckten sich hinter ihren Papieren und schwiegen.

„Da muß ich aber lachen! Was Sie als politische Meinungsverschiedenheiten bezeichnen, sind für mich ganz eindeutig konterrevolutionäre Tendenzen bei Ihnen! Oder wollen Sie etwa behaupten, daß Sie bis jetzt mit der Politik der SED einverstanden waren?"

„Meine Zweifel an der Richtigkeit des Kurses der SED sind nicht mit dem 20. Parteitag der KPdSU beendet, und sie beginnen auch nicht erst beim Einmarsch der Volksarmee der DDR in die Tschechoslowakei."

„Na, sehen Sie, Sie wollen doch etwas ganz anderes als die Partei. Reden Sie doch nicht drum herum. Überhaupt, was wollen Sie und Ihre Gesinnungsfreunde immer mit dem 20. Parteitag der KPdSU?"

„Nun, er war doch immerhin ein erstes Abrechnen mit den Verbrechen unter Stalin!"

„Ach, Stalin, Stalin! Ich unterhalte mich doch mit Ihnen nicht über Stalin. Denken Sie, Sie können den Namen dieses großen Mannes in den Dreck ziehen? Das haben schon klügere Leute als Sie versucht. Was verstehen Sie schon vom Stalinismus, von dem Sie immer so groß und breit erzählen?"

Da hatte er an mir gerade den Richtigen gefunden. Meine Exmatrikulation stand fest, diese Katze hatte der Direx ja schon zu Anfang aus dem Sack gelassen.

„Stalinismus herrscht zum Beispiel noch so lange bei uns, solange Leute wie Sie Leute wie mich wegen der von Ihnen angeführten Gründe exmatrikulieren können."

„Ihre Frechheit überschreitet alles bisher Dagewesene!" schrie nun der Herr Direktor empört.

„Danke, wie schön für mich", giftete ich zurück. „Ich lege gegen Ihre Maßnahme Beschwerde ein. Bitte geben Sie mir die Entscheidung und die Gründe dafür schriftlich."

„Da können Sie lange drauf warten. Und noch was sage ich Ihnen", fauchte die Wildkatze, die einmal mein Direktor gewesen war. „In Ihre Kaderakte werde ich einen Vermerk machen lassen, daß Sie zum Zwek-

ke der politischen und moralischen Läuterung nur für Produktionsarbeit einzustellen sind."
(Na, sowas ! ! !)
Ich sprang auf. „Das ist für mich eine Exmatrikulation aus politischen Gründen. Diese Sache werde ich selbstverständlich nach meinen Möglichkeiten literarisch verarbeiten."
Auch der Direktor stand nun auf. Ganz langsam kam er hinter seinem Schreibtisch hoch. „Unterstehen Sie sich. Das werde ich zu verhindern wissen. Und dann Ihre Schmierereien vielleicht noch feindlichen Verlagen anbieten, was!"
„Natürlich. Mit Ihrem Foto als Poster."
„Sallmann, Ihre Unflätigkeiten überschreiten das Maß des Erträglichen – die Unterredung ist beendet."
Ich ging. Jahre des Studiums waren umsonst gewesen.

Michael Sallmann
ANTWORT AUF EINE DISZIPLINARMASSNAHME

Aller Frustration zum Hohn
Schreib ich diesen Vers.
Es blüht der feuerrote Mohn
Auch ohne die. Das wär's.

Michael Sallmann
Ein illegaler Auftritt

Nach der Arbeit laufe ich durch die Leipziger Petersstraße. Ich treffe einen alten Bekannten, der an der Uni studiert. Er ist dort Mitglied des Studentenbeirates und für kulturelle Veranstaltungen zuständig (er betätigt sich als Discjockey). In dem ihm unterstehenden Club habe ich schon einige Male Lieder und Gedichte von mir vorgetragen. Aber das war früher, als ich noch einen Ausweis für Amateurchansonsänger hatte, der mich richtig offiziell zu derlei Veranstaltungen „befähigte".

Nach einigen gewagten Auftritten entzog mir das Bezirkskabinett für Kulturarbeit kurzerhand die Auftrittserlaubnis und drohte mir, zivil- und strafrechtliche Konsequenzen würden nicht ausbleiben, falls ich gegen diese Maßnahme verstoße. Die Songgruppe, der ich angehörte, warf mich hinaus.

Mein Bekannter schüttelt mir die Hand. „Ach! Ich denke an nichts Schlechtes und wen treffe ich? Grüß dich." Dann macht er ein bedenkliches Gesicht: „Tja, du. Ich hab von deinem Rausschmiß aus der Songgruppe gehört. Auftrittserlaubnis auch gleich mit weg. Da kannst du wohl jetzt gar nicht mehr . . . ?" Sein Gesicht verzieht sich fragend.

„Klar, du" sag ich zu ihm, „klar kann ich noch!"

„Na, wie denn?" fragt er leise, doch bereits fordernd.

„Hast du Lust?" frage ich ebenso leise zurück.

Jetzt grinst er übers ganze Gesicht: „Klar, ich kann auch noch, was denkst denn du. Gehn wir auf'n Bier in den Ratskeller."

„Wie wollen wir es machen?" zwinkert er vertraulich, nachdem wir das erste Bier getrunken haben. „Ich sage während der Disco einen kul-

turellen Beitrag an, du singst 'ne halbe Stunde, aber nicht mehr, hörst du, dann verpfeifst du dich, bringst deine Klampfe weg. Später kannst du meinetwegen wieder auftauchen. In Ordnung?"
Das ist ein konkretes Angebot. Er weiß, wie sein Studienplatz bei solchen „Aktionen" schwankt, aber er macht es. Ich frage ihn, warum. Er zuckt mit den Schultern. „Frag mich nicht, ich mach's halt. Ihr müßt ja auch mal zu Wort kommen. Wird schon nichts passieren. Übrigens weiß ich, daß es bei dir nicht das erste Mal ist."
Das scheint ihm Sicherheit zu geben.
„Wie ist es mit dem Geld?" will er wissen. „Du bist bestimmt kein Typ, der die Mäuse haufenweise in der Tasche hat . . . ?"
„Stimmt", erwidere ich. „Wenn ihr was habt, nehm ich's, wenn nicht, mach ich's ohne."
„20 Mark aus dem Getränkefonds, damit's keiner merkt", sagt er und knallt die Brieftasche auf den Tisch. „Herr Ober, wir zahlen." Alles klar.

Am Mittwoch, dem Tag der Disco, sitze ich im Studentenclub. Die Gitarre ist gestimmt und einsatzbereit hinter dem Tisch des Discjockeys verstaut. Wenn ich nach solchen „Einsätzen" nach Hause komme, erlebe ich stets die gleiche nervöse Anspannung: Was passiert? Wartet die Stasi schon zu Hause auf mich? Holen sie mich am nächsten Morgen? Oder wenn ich das Publikum anschaue! Es sind ja nicht nur zustimmende und wohlwollende Gesichter, in die man da blickt. Augen bohren sich da manchmal in mich, daß ich mir denke, wenn die nicht beim „Verein" sind, dann will ich Schnitzler heißen! Oder es geht jemand nach den schärfsten Liedern raus und kommt nicht wieder. Mit dem kann sonstwas sein, dem kann schlecht sein oder er hat eine Verabredung mit seiner Freundin, ich aber denke, jetzt geht er hin und macht Meldung . . . !

Der Discjockey hat unterdessen die Musik leiser gedreht und das Mikro zur Hand genommen. „Nach der nächsten Musik kommen wir zu unserem kulturellen Beitrag: Ein junger Mann aus unserer Stadt singt und liest euch einige seiner Verse vor."
Das ist es. Keinen Namen. Keinen großen Klamauk. Alles anonym.

Die Musik ist zu Ende, die Leute gehen schwitzend zu ihren Tischen zurück. Ich stelle mich mitten auf die Tanzfläche und beginne mein erstes Lied. Eine Reihe von Gesichtern, die mich jetzt anblicken, kenne ich schon, ich singe ja nicht zum ersten Mal hier. Die schlimmste Aufregung verschwindet nach dem Beifall. Dann lese ich das Gedicht vom zukünftigen Funktionär.

An einen zukünftigen Funktionär

Erstmal hochkommen
Willst du,
Von Oben her
Mehr Einfluß nehmen
Auf den Lauf der Dinge.
Später.

Nur mit dem nötigen Überblick
Könnest du lindern
Diese und jene Krankheit
Der rosa Krebsgeschwüre
Gleich einem Arzt.
Später.

Später
Erscheinst du uns wieder
Auf der Titelseite des Bezirksblattes
Doch gelangweilt
Legen wir beiseit'
Einen Gesundbeter.

Lebhafte Zustimmung, nachdem ich zu Ende gelesen habe. Aus dem Hintergrund ruft ein Mädchen: „Salli, sing doch mal das Lied von Queitsch!" Aha. Die kennen mich hier. Das hilft mir. Klar! Irgendwo haben sie erfahren, daß ich heute und hier paar Sachen mache.

Nach dem Queitschlied singe ich das Lied vom ehemaligen Partisan. Während ich singe, steht einer auf und ruft: „Hör doch auf. Das ist ja eine ganz üble Sache, die du da machst!" Pfiffe.
„Laß ihn doch zu Ende singen!" schreit jemand.
„Aber das geht doch nicht, was der hier macht", schreit der Empörte zurück.
„Der hat recht!" bestätigt ein anderer: „Der soll abhauen!"
Ich weiß nicht, wer abhauen soll, der Empörte oder ich. Aus dem etwa 150 Mann starken Publikum steigt entrüstetes Gemurmel auf. „Weiter-

singen, weitersingen", fordert ein Sprechchor, weil ich die Gitarre aus der Hand gelegt habe und erst einmal abwarte.

Ich spiele das Lied von vorn. Als ich fertig damit bin, klatschen die Leute im Takt, und ich spiele es nochmal.

Wieviele von denen, die hier lautstark ihre Zustimmung bekunden, sitzen im Politunterricht mucksmäuschenstill oder angeln mit auswendig gelernten antagonistischen Widersprüchen nach dem Leistungsstipendium . . . ?

Der, der da jetzt ruft: „Mach weiter Salli, los, noch eins", meint der: Heut machen wir einen drauf, gib ihnen noch eins drüber und morgen sind wir wieder hübsch still? Oder kann ich dem vielleicht Mut mitgeben, bei der nächsten Gelegenheit den Mund aufzumachen . . . ?

Ich lese noch zwei Gedichte vor und singe zum Schluß ein Liebeslied. Während der zweiten Strophe sehe ich zwei junge Männer aufstehen, ihre Mäntel anziehen und gehen. Sofort ist die altbekannte Befürchtung wieder da: Waren Sie das? Was passiert nun?

Doch das Publikum merkt von meiner Angst nichts. Es ist auf Lieder eingestimmt und will Zugaben haben. Ich höre aber lieber auf, die zwei Typen eben haben mir gar nicht gefallen. Ich brauche auch keine großen Abschlußreden zu halten. Der Discjockey, dem die Sache zu lange gedauert hat, spielt die nächste Tanzmusik an und verkündet durchs Mikrofon, ich müsse Schluß machen, weil ich eine dringende Verabredung habe. Als ich meine Gitarre einpacke, fragt er mich: „Hast du die beiden vorhin gesehen?" Ich nicke.

Einladungen zu Bier und Gesprächen lehne ich ab. Ich will weg hier. Erstmal abtauchen.

Nach einer Stunde bin ich wieder da, sitze an einem der Tische, trink mein Bier und diskutiere über meine Lieder. Zu Hause war alles ruhig. Auf der Straße lief mir auch niemand nach, vielleicht war das vorhin mit den zwei Kerlen blinder Alarm. Vielleicht. Hoffentlich. Bis hier ist ja wirklich alles gutgegangen.

Als die Diskussion durch das Tanzen unterbrochen wird, kommt ein langer Schmächtiger an meinen Tisch: „Ich wollte mal fragen, ob wir miteinander ins Gespräch kommen können. Wegen eines Auftritts. Wir wollen dich zu unserem Sektionsfest einladen."

„Offiziell nicht", sage ich, „aber du kannst mich schon einladen. Privat. Wann ist es denn?"

„In vierzehn Tagen. Du bringst doch deine Gitarre mit?"

„Aber sicher."

Michael Sallmann
EIN EHEMALIGER PARTISAN

Hat einst die Reaktion bekämpft!
Ist heut längst prächtig eingedämpft
In leckrem Funktionärskomfort.
Der andre Saft ist ausgedorrt!

Jetzt sitzt er fest im Sattel wie
Vor fünfzig Jahrn die Bourgeoisie!
Die Rechte hält die Zügel straff,
Die linke Hand winkt welk und schlaff

Zum Volk hinab am Feiertag,
Daß es sich unterm Zaumzeug plag!
(Der Herr vergißt auf hohem Gaul:
Wird er zur Last, fliegt er auf's Maul!)

Thomas Auerbach
Geige

Als sie damals in die Kirche kamen, sah ich ihn zum ersten Mal. Er fiel mir zunächst gar nicht auf. Seine Freunde waren lauter als er. Sie schleppten irgendwelches Gerümpel herein und erst beim zweiten Hinsehen merkte ich, daß es sich wohl um Musikinstrumente handeln müsse.
„Können wir hier üben? Die Bude steht doch sowieso die ganze Woche leer. Wir haben auch schon den Popen gefragt, der hat nichts dagegen. Und du, bist du hier Kirchendiener?"
„Nein", sagte ich betreten, „sowas ähnliches. Ich bin der Jugendleiter."
„Stör uns nicht mit deinem Gequatsche. Kannst ja mal zuhören."

Einstweilen hörte ich aber außer dem Lärm, den sie beim Aufbauen ihrer undefinierbaren Anlage machten, gar nichts. Diese Anlage war sehenswert. Irgendwelche selbst zusammengebaute Lautsprecher und Verstärker, unheimlich viele Drähte, ein unvollständiges, zerschrammtes Schlagzeug, zusammengeflickte Gitarren, alles in allem eben wirklich Gerümpel, soweit ich das beurteilen konnte. Damit wollen sie doch nicht etwa Musik machen, dachte ich. Aber sie schienen allen Ernstes entschlossen. Sie löteten, schraubten, hämmerten, sägten, feilten und flickten und schrieen sich dabei gegenseitig an. Im Handumdrehen hatten sie die Orgelempore in ein Chaos verwandelt. Durch ihre erregten Debatten bekam ich bald ihre Spitznamen mit: Lumpi, Pastor, Nabi, Schäfchen, Beini, Menne und Geige. Ihre Musik kriegte ich damals bei jener ersten Probe ebensowenig wie auf der zweiten und dritten zu hören. Da hatten sie mit ihrer Anlage zu tun und auch später, als sie dann spielten, führten sie nebenbei einen ständigen Kampf gegen die Tücken der Technik.

Aber sie ließen sich nicht beirren und machten Musik, und wo sie auftraten, waren die Kirchen voll.

Im staatlichen Bereich hätten sie damals wegen der ideologischen Schräglage ihrer Texte und der Unvereinbarkeit ihrer Musik mit dem „nationalen Kulturerbe" und dem realsozialistischen Gegenwartsschaffen nicht auftreten können. Natürlich paßte es auch einigen Gralshütern kirchlicher Traditionen nicht, daß ein paar Jugendliche, die Jesus zwar für einen guten Mann, ansonsten aber wenig von seinen beamteten Nachfolgern hielten, ausgerechnet in der Kirche Lärm für andere Jugendliche machten. Von Musik sprachen jene alten Herren in dem Zusammenhang gar nicht erst.

Ich war damals bald der Vertraute der Band. Sie akzeptierten mich als eine Art Manager. Hin und wieder schrieb ich Texte oder setzte mich auch mal ans Schlagzeug, was aber mehr zur Belustigung als zur musikalischen Erbauung des Publikums beitrug.

Heute gibt es die Band nicht mehr. Ihre damaligen Mitglieder gingen die verschiedensten Wege. Einer landete im Knast und ist jetzt Insasse einer Nervenheilanstalt. Ein anderer kam zur Armee, bekehrte sich dann und wurde Mitglied einer obskuren Sekte. Ein dritter ist heute FDJ-Kulturfunktionär. Die meisten von ihnen sind meine Freunde geblieben. Aber einer, der, von dem ich erzählen will, Geige, ist tot.

Seinen Spitznamen hatte er nach dem Instrument bekommen, das er in der Band spielte. Er war klein und schmächtig und hielt sich im Hintergrund. Sein Instrument beherrschte er allerdings sehr gut. Zu jener Zeit war er siebzehn Jahre alt und lernte bei Zeiss Zerspaner. Wir haben damals viel miteinander erlebt. Wir erarbeiteten in monatelangen Proben Programme zu bestimmten Themen wie Generationskonflikt oder Lehrlingsproblemen. Damit traten wir dann in verschiedenen Kirchen auf. Jedesmal ging irgendetwas schief. Einmal fehlte der Schlagzeuger. Ein andermal fiel die Anlage aus. Ein drittes Mal konnten wir kein Auto zum Transport der Instrumente, Boxen und Verstärker auftreiben. Da trommelten wir einfach etwa zwanzig Fans zusammen, die das ganze Zeug auf dem Buckel zur Bahn schleppten. Irgendwie hat es also immer geklappt. Mich kostete das Ganze eine Menge Geduld und Nervenkraft.

Einmal hatten sie sich während einer Veranstaltung zerstritten und wollten nicht weiterspielen. Zu mir sagten sie: „Stell du dich doch hin und sing den Leuten was vor!" Schließlich, nach einem Streit vor versammeltem Publikum, spielten sie doch weiter. Bei einem Auftritt in ei-

ner Kirche hoch oben auf dem Thüringer Wald gab es ein furchtbares Gewitter. Für die Band war das nur ein Grund mehr, die Verstärker bis zum letzten aufzudrehen. Schließlich schlug der Blitz irgendwo in der Nähe ein. Die Kirche lag augenblicklich im Dunkel. Die Instrumente verstummten mit einem schauerlichen Jaulton. Die aus ganz Thüringen angereisten Fans begannen nach einigen Sekunden der absoluten Stille ein furchtbares Pfeifkonzert. Der Baßgitarrist bekam einen Herzanfall. Das war tatsächlich eine der dunkelsten Stunden der Band.
Bei all dem stand Geige treu und brav im Hintergrund und spielte auf seiner Fidel. Er beteiligte sich kaum an den stundenlangen Streitereien, die manchmal ganze Probenabende lang andauerten. Irgendwie blieb er gegen andere Mitglieder der Band farblos. Er fiel nicht auf.

Eines Tages war es dann so weit, daß die Band zerfiel. Inzwischen war der Staat kulturpolitisch ein wenig liberaler geworden. In den Jugendklubhäusern wurden Diskos eingerichtet. Westliche Popmusik durfte in größerem Umfang gehört und gespielt werden. Zu dem Zeitpunkt wäre es auch für unsere Band möglich gewesen, die staatliche Zulassung zu machen und sich einstufen zu lassen. Allerdings hätte die Gruppe dann musikalische Zugeständnisse machen müssen. Überdies wäre sie mit ihren kritischen deutschen Texten bei der staatlichen Prüfungskommission wohl kaum durchgekommen. An diesem Punkt schieden sich die Geister. Einige wollten den Boom mitmachen, der Rest der Band fand das unter seiner Würde. Dazu kamen noch persönliche Schwierigkeiten der einzelnen Bandmitglieder, und schließlich war dann eben Schluß.

Erst in dieser Zeit bekam ich näheren Kontakt zu Geige. Das Schlimme für mich ist, daß ich heute so wenig über ihn sagen kann, daß ich in der Hektik der letzten Jahre so viel vergessen habe. Geige engagierte sich nach Auflösung der Band sehr stark in der offenen Jugendarbeit der Jungen Gemeinde. Einige Mädchengeschichten verliefen für ihn nicht sehr glücklich. Bei Zeiss machte er seinen Facharbeiter. Er hielt sich nicht mehr zurück, sondern suchte jetzt Kontakt zu anderen, besonders bei den offenen Abenden der JG. Für viele wurde er ein wichtiger Gesprächspartner. Das besondere an ihm war, daß er stundenlang zuhören konnte, wenn andere von ihren Problemen und Sorgen sprachen, und daß er sie auch verstand.

Mir gegenüber hatte er oft eine Art, Fragen zu stellen, die mich in Verlegenheit brachte und überforderte. Was wußte ich damals schon? Was weiß ich heute? Ich war nur fünf Jahre älter als er. Wir waren da-

mals in einer nie abreißenden Diskussion. Wo wir uns auch trafen, in der offenen Jugendarbeit, in unseren Buden, in der Kneipe, in der Stadt, beim Trampen oder bei Wanderungen, immer sprachen wir miteinander. Kein Problem ließen wir aus. Aber auf viele Fragen hatte ich zu jener Zeit keine Antwort. Geige gab sich damit nicht zufrieden: „Setz dich hin, lies, lerne und sag's uns weiter. Du hast doch Zeit. Ist doch dein Job. Ich muß bei Zeiss in Schichten schuften. Wenn ich heimkomme, bin ich kaputt." Dabei war sein Wissensdurst unersättlich. Er las, was er bekommen konnte. Auch zu seiner Lektüre hatte er Fragen: „Hast du von Hermann Hesse ‚Unterm Rad' gelesen? Was meinst du dazu?"
Oder er brachte in der Jungen Gemeinde an unseren Diskussionsabenden Probleme auf den Tisch: „Bei der FDJ werden wir nur verscheißert. Im Betrieb machen die mit uns, was sie wollen. Im Radio, im Fernsehen und in der Zeitung wird nur rumgejubelt. Und viele von uns sind so doof und fallen drauf rein. Ich glaub, das nennt man Manipulation. Darüber möchte ich mehr wissen!"

Eine Reihe von Fragen stellte er mir und anderen immer wieder: „Warum leben wir eigentlich? Warum essen, schlafen, lieben und hassen wir? Warum gehen wir jeden Tag in die verfluchte Fabrik und schuften, obwohl wir die Schnauze voll davon haben? Warum leben einige wenige Bonzen auf unser aller Kosten?" Mir gegenüber stellte er fest: „Das ist alles beschissen hier. Ich sehe in diesem Leben keinen Sinn."
Mir fiel darauf nichts besseres ein, als ihm vorzuhalten, er sei doch noch jung. Er solle doch erstmal enttäuschende Erfahrungen machen, ehe er so rede. Dieses Leben sei doch sinnvoll, wenn ich für andere da wäre. Dadurch würde ich auch mir selbst helfen.

Stundenlang redeten wir so und ähnlich hin und her, bis mir dann Geige die Hand auf die Schulter legte, lächelte und sagte: „Schwatz nicht so fromm daher. Das zieht genauso wenig wie das Gerede von 'nem FDJ-Sekretär. Für dich mag das ja alles stimmen. Für mich nicht. Komm, trink noch ein Bier." An diesem Punkt starben unsere Gespräche oft. Heute muß ich mir vorwerfen, daß ich Geige im Grunde nicht ernst genommen habe. Mehrmals hatte er mir gesagt: „Ich mache Schluß." Das hatte ich aber schon oft gehört. Viele hatten das gesagt. In gewissen Kreisen junger Leute war das Spielen mit diesem Gedanken „in". Auf manchen gefühls- und bierseligen Feten gehörte die Äußerung solcher Absichten fast schon zur Selbstdarstellung. Inzwischen weiß ich, daß dieses Reden für viele ernstgemeinter Ausdruck ihrer Resignation war.

Bei Geige jedoch nahm ich das nicht an. Ich kannte eine Menge Leute, denen es dreckiger ging als ihm. Sicher hatte er Ärger mit seinen Eltern. Sicher stank ihm seine sinnentleerte Arbeit. Sicher hatte er Schwierigkeiten mit Mädchen. Sicher hing ihm manche Ungerechtigkeit in unserer Gesellschaft zum Halse raus. Sicher suchte er nach irgendeinem Halt, einem Ziel, einem Sinn. Ich kannte und kenne viele, die dieses Suchen aufgegeben haben, die stumpf und sinnlos dahinleben. Denen gegenüber schien mir Geige noch in einer besseren Situation. Der suchte noch. Der fragte. Der wollte lernen, wollte verstehen, wollte wissen. Und er hatte die Fähigkeit, aus seinen Überlegungen heraus Schlußfolgerungen zu ziehen und Standpunkte zu finden. Etwa: „Ich gehe nicht zur Fahne. Ich will keinen Menschen auf Befehl umlegen müssen." Dieser Entschluß ist ihm sicher nicht leicht gefallen. Er war kein Draufgänger oder ein Mann schneller Entscheidungen.

Dann kam eine Zeit, da ließ er sich total durchhängen. Oft traf ich ihn in einschlägigen Kneipen oder nachts auf der Straße. Fast immer war er betrunken. Auch nahm er, wie er mir einmal gestand, Tabletten, um sich „high" zu machen. Die Aussichtslosigkeit seiner Zukunft – „Ich werde wohl immer diese Scheißarbeit machen müssen" – und die Auseinandersetzungen mit seinen kleinbürgerlichen Eltern machten ihn kaputt. Er wohnte noch zu Hause, weil er keine eigene Bude bekommen konnte. Geige litt besonders unter dem Verhältnis seiner Eltern zueinander. Oft beklagte er sich im Gespräch mit mir bitter über seinen Vater. Der sei ein kleinlicher Haustyrann, schlage seine Mutter und wäre ständig besoffen. Ein paarmal tauchte Geige mitten in der Nacht bei mir auf. Offensichtlich wollte er mit mir reden, saß dann aber nur rum und las in meinen Büchern oder war zu betrunken, um überhaupt etwas zu sagen. In dieser Zeit lernte er wieder ein Mädchen kennen und es ging aufwärts mit ihm. Wir schmiedeten Zukunftspläne. Er wollte mit Menschen arbeiten. Ich sollte ihn in einer kirchlichen Ausbildung für Sozial- oder Jugendarbeit unterbringen. Damals bekam ich eine neue Dienstwohnung. Mir gelang es, bei meinen kirchlichen Vorgesetzten durchzusetzen, daß Geige in meine ehemalige Wohnung ziehen konnte. Wie froh er darüber war, kann jeder verstehen, der die katastrophale Wohnungssituation in der DDR kennt.

Aber es gab neue Schwierigkeiten. Geiges Mädchen meinte, sie bekäme ein Kind. Seine und ihre Zukunftspläne waren dadurch zerstört. Es gab Krach mit den Eltern der beiden. Schließlich stellte sich die Schwangerschaft als Fehlmeldung heraus. Alles wäre gut gewesen, wenn nicht just zu dieser Zeit der frühere Freund von Geiges Mädchen aufgetaucht wäre. Vergeblich versuche ich heute Stück für Stück meiner Erinnerungen zusammenzutragen, um mir ein Bild der letzten Wochen von Geiges Leben zu rekonstruieren. Da sind Gespräche mit anderen Kumpels über ihn. Da sind Eindrücke, Worte, Gebärden, Situationen, die haftenblieben, aber auch Zusammenhänge, die verlorengingen.

Und da ist jene Nacht, deren Bilder grauenvoll deutlich vor meinen Augen stehen.

Ich war damals einige Wochen dienstlich unterwegs gewesen. An dem meiner Rückkehr folgenden Tag besuchte ich die Mitarbeiter, die mich inzwischen in der Jugendarbeit vertreten hatten. Einer sagte: „Geh doch mal zu Geige, der scheint wieder mächtig durchzuhängen."

Also machte ich mich auf den Weg. Es war Februar, Rosenmontag. Aus einigen Kneipen hörte ich lautes Singen. Im Bus überlegte ich, wie sich Geige wohl jetzt in meiner ehemaligen Wohnung eingerichtet haben mochte. Als ich den großen Flur im Erdgeschoß des alten Pfarrhauses betrat, war es schon dunkel, gegen 18.00 Uhr. Auf mein Klopfen an Geiges Tür hin regte sich nichts. Ich wollte den langen Weg nicht umsonst gemacht haben. Beim Pfarrer, der im benachbarten Amtszimmer über seinen Papieren saß, bekam ich auch keine Auskunft über Geiges Verbleib. Vielleicht pennt er, dachte ich, probierte es nochmal, und tatsächlich war seine Tür unverschlossen. Der Schlüssel steckte von innen. In dem kleinen Vorraum seiner Wohnung war es stockdunkel. „Wach auf, du Penner", brüllte ich und steckte mir eine Zigarette an. Geige konnte ja nicht weit sein.

Vom Vorraum aus betrat ich das eine seiner beiden Zimmer und knipste das Licht an. Es herrschte eine ziemliche Unordnung. Da standen ein Schrank, ein paar Stühle, ein Tisch, in der Ecke ein Kasten leerer Bierflaschen. Bekleidungsstücke lagen herum. Ich trat an den Tisch. Flüchtig überblickte ich das Durcheinander darauf: ein voller Aschenbecher, Stifte, eingetrocknete Bierlachen, ein beschriebenes Blatt Papier. Ich las: Mein Tod soll euch zeigen, wie sinnlos ein Selbstmord ist. Alles andere, was da stand, begriff ich in diesem Moment nicht. Meine Gedanken jagten einander. Der dumme Hund, wo ist er denn bloß? Was schreibt er so eine Scheiße?

Ich lief durch den kleinen Vorraum ins andere Zimmer. Auch dort war es dunkel. Das Licht funktionierte nicht. Erst jetzt hörte ich Musik.

Ich riß die Tür zur Küche auf. Mir schlug ein penetranter Gasgeruch entgegen. Die Zigarette! Ich rannte zurück auf den Flur und trat sie aus. In der Küche war es ebenfalls dunkel. Aus dem Herd in der Ecke strömte rauschend das Gas aus. Fenster auf. Gashahn zu. Die Küche wurde durch das fahle Licht der Laterne vor dem Fenster schwach erhellt. Aber ich sah niemanden und hoffte immer noch, Geige sei nicht hier. Noch einmal lief ich auf den Flur und schrie so laut ich konnte: „Gas, Gas, rufen Sie den Rettungswagen!" Der Pfarrer verstand. Wieder in der Küche, entdeckte ich Geige dann. Ganz eng an die Wand gedrückt lag er in einer Ecke auf dem Fußboden unter einem Federbett. Wieso ist er auf einmal so klein, dachte ich, riß die Decke beiseite und drehte ihn auf den Rükken. „Geige, Geige, du dummes Schwein! So kommst du mir nicht davon!" Wie war das? Mund-zu-Mund-Beatmung und Herzmassage, Gottseidank, das hast du gelernt. Jedesmal, wenn die eingeblasene Luft aus Geiges Mund entwich, strömte mir ein furchtbarer Gasgestank entgegen. Ich weiß nicht mehr, wie lange es dauerte, bis ich das Martinshorn des Rettungswagens hörte.

Ich kümmerte mich nicht darum, bis sie mich von Geige wegzogen. Erst jetzt merkte ich, daß ich klatschnaß vor Schweiß war. Der Arzt hantierte mit der Taschenlampe. Eine Schwester und ein Pfleger beugten sich über Geige.

„Sinnlos", sagte der Arzt. „Aus. Der ist schon etwa zwölf Stunden tot."

„Du lügst! Das ist nicht wahr, du Hund, du elender! Nein, nein." Ich hätte den Arzt am liebsten geschlagen. Die Schwester legte mir die Hand auf die Schulter:

„Bleiben Sie doch ruhig. Wollen Sie eine Tablette?" Ich blickte sie an. Sie war schon älter. Unter dem Häubchen graues Haar, um ihren Hals hing an einem Kettchen eine kleine Sanduhr, wie sie die Schwestern zum Pulszählen benutzen. Sie schüttelte den Kopf und sah auf Geige hinunter: „So jung, so jung . . . "

„Ja, er ist 19 Jahre alt."

Der Arzt war schon ins Nebenzimmer gegangen und füllte den Totenschein aus. „Aha", murmelte er vor sich hin, „Abschiedsbrief ist da. Na, da ist die Sache ja klar." Er blickte auf. „Ich muß aber trotzdem die Kripo verständigen. Nichts verändern, alles bleibt so wie es ist. Wir warten, bis die kommen." In meinem Schädel dröhnten die Worte: Nichts verändern, alles bleibt so wie es ist. Nichts verändern . . . Immer und immer wieder. Die Schwester stellte das Kofferradio in der Küche ab. Die Kripo kam nicht. „Wir müssen weiter. Das dauert ja ewig." Der Arzt winkte seinen Leuten und sie verschwanden. Ich stand immer noch in der Küche. Es war kalt. Zu meinen Füßen lag Geige in Unterhemd und Hose. Um seinen Mund herum war schwarzes, geronnenes Blut. Der muß aber frieren, dachte ich.

„Kommen Sie doch rüber zu mir ins Amtszimmer", rief der Pfarrer von draußen. Ich ging. Er stellte mir ein Bier hin. Ich trank es hastig und merkte erst beim Trinken, daß ich sehr durstig war. In meinem Kopf dröhnte es immer noch: Nichts verändern, alles bleibt so wie es ist. Komisch, eigentlich müßtest du doch jetzt kotzen. Das hast du oft in Filmen gesehen oder in Büchern gelesen . . . Wann kommt denn nun die Kripo? Die Stasi wäre schon lange da.

Meine Gedanken wurden durch das Geknatter eines Trabanten von draußen unterbrochen. „Bin ich hier richtig? Leutnant X . . . , Abteilung K." In der Tür stand ein junger, schmächtiger, bleicher Mann. Seine schwarzen Haare hingen ihm ins Gesicht. Offensichtlich war er todmüde. Er stellte eine Reiseschreibmaschine und einen schwarzen Koffer ab und setzte sich. „Tja, da wollen wir mal. Wo ist der Tote?" „Nebenan." Doch der Kripomann blieb sitzen. Schweigen. Erst nach einer ganzen Weile erhob er sich mit einem Seufzer, nahm seinen schwarzen Koffer und ging in Geiges Wohnung. Das kostete ihn sichtlich Überwindung. „Sind Sie in der Lage, mir zu helfen? Eine Finsternis ist das hier." Und entschuldigend fügte er hinzu: „Wir sind unterbesetzt. Alle im Einsatz heute." Wir bauten Fotolampen auf. Der Kripomann fotografierte. Die vorher dunkle Küche war in gleißendes Licht getaucht. „Drehen Sie ihn bitte mal rum . . . So, danke. Ziehen Sie ihm doch bitte mal die Hose runter . . . Danke. Jetzt nochmal von hinten . . . Danke."

Danach sah er sich oberflächlich in der Wohnung um. Auch er schien froh zu sein, daß ein Abschiedsbrief da war. „Tut mir leid", sagte er, als wir wieder im warmen Amtszimmer waren, „nun muß ich noch ein Protokoll machen." Er packte seine Schreibmaschine aus und begann hastig zu tippen, wobei er mir Fragen über den Hergang der Sache stellte. Er tat mir irgendwie leid, wie er da müde saß und sich immer wieder verschrieb. Als wir fertig waren, sagte er leise: „Ich hab's satt. Das ist der achte! Heute haben wir eine Leiche aus der Saale geholt. Die sah furchtbar aus. Seit früh 6.00 Uhr bin ich im Dienst. Denken Sie bloß nicht, daß mich das alles kalt läßt."

Resigniert winkte er ab, griff zum Telefon und rief den Leichentransport VEB Stadtwirtschaft, Abteilung Bestattungswesen an. Diesmal dauerte es nicht so lange. Ein Barkas fuhr vor und zwei grobschlächtige Männer luden einen Sarg aus und brachten ihn herein. Als sie den Deckel abnahmen, war zu sehen, daß der Sarg aus Preßspanplatten zusammengenagelt war. „Hau ruck! Ist der aber leicht. Fassen Sie doch mal mit an." Polternd fiel Geiges Körper in den Kasten. Wir trugen ihn zu dem unauffällig grau gestrichenen Lieferwagenleichenauto. Die Nachbarn sahen aus den Fenstern. Der Kripomann, der Pfarrer und ich blieben zurück. „Schrecklich", meinte der Pfarrer, „und das in unserem Hause!"

Inzwischen war es tiefe Nacht. Der Kriminalpolizist packte in Geiges Wohnung seine Geräte zusammen. Als er fertig war, zögerte er: „Jetzt kommt das Schlimmste, die Eltern." „Ich gehe", beruhigte ich ihn. „Danke, ich bringe Sie hin." Schweigend fuhren wir durch die nächtliche Stadt. Beim Aussteigen gab er mir die Hand. „Ich bin fix und fertig", sagte er und das glaubte ich ihm.

Geiges Eltern wohnten in einer finsteren Straße nahe dem Hauptwerk von VEB Schott & Gen. Ich klingelte. Nach einer Weile öffnete eine kleine Frau im Bademantel, Geiges Mutter. Die Ähnlichkeit war unverkennbar. Sie blickte mich an und schrie auf: „Was ist mit Achim? Was ist mit unserem Sohn?" Ich hatte noch nichts gesagt. Sie rief ihren Mann. Der kam mit glasigen Augen aus dem Nebenzimmer und fragte, was ich mir herausnähme, seine Nachtruhe zu stören. Dabei blies er mir eine Alkoholfahne ins Gesicht. Ich weiß nicht mehr, mit welchen Worten ich den Eltern mitteilte, was passiert war. Die Frau brach weinend zusammen. Der Mann packte mich am Kragen und brüllte: „Erzählen Sie nicht solchen Stuß. Wer sind Sie überhaupt? Das gibt's doch gar nicht. Warum werden wir nicht offiziell benachrichtigt?"

Als ich wieder draußen auf der dunklen Straße stand, war ich leer und müde. Jetzt mußte ich tatsächlich kotzen. – Mein Tod soll euch zeigen, wie sinnlos ein Selbstmord ist. – Und – Nichts verändern, alles bleibt so wie es ist. – Nein, dachte ich, nein, nein!

Michael Sallmann
„Nachtruhe beenden!"
Ein Tag bei der Nationalen Volksarmee

Zehn Minuten nach zwei kreischt die Alarmsirene los. Gefechtsalarm. Wir springen aus den Betten und ziehen uns im Dunkeln an. Licht darf nicht gemacht werden. Das Wirrwarr der anzulegenden Ausrüstungsgegenstände ist schier unendlich.

Draußen auf den Fluren stehen die Offiziere mit den Stoppuhren. Sie, für die der Alarm genauso gilt, stecken längst in Tarnanzug und Offiziersausrüstung. In der Regel erfahren sie die Zeiten des anstehenden Alarms von ihren Vorgesetzten. So kann man eigentlich überhaupt keinen Gefechtsalarm simulieren, aber es hat sich so eingebürgert, und keiner macht sich mehr große Gedanken.

Einmal wurde direkt vom Generalstab Alarm ausgelöst. Nachdem sich die Soldaten befehlsgemäß mit Ausrüstung und Waffen versehen auf dem Kasernenhof zum Abmarsch aufgestellt hatten, brach alles zusammen. Die ersten Offiziere kamen verschlafen anderthalb Stunden später angewankt. Ein Teil von ihnen war in dieser Nacht überhaupt nicht aufzutreiben.

Inzwischen hat jemand auf dem Flur einen Pfiff ausgestoßen. „Die A-Gruppen zum Waffenempfang!" Türen werden aufgestoßen, die Soldaten der genannten Gruppen trippeln halb oder ganz angezogen zur Waffenkammer.

Fünf Minuten später. Während die Letzten ihre Waffen abholen, haben die Ersten schon ihr Sturmgepäck, ihre Atomschutzplane, ihre Magazintaschen, ihre Feldspaten, Stahlhelme, Schutzmasken über die Wattejacken geschnallt und treten auf dem Hof an. Alles im Laufschritt. Im Fahrzeugpark heulen ein paar Motoren auf. Zwei Offiziere treiben die letzten Soldaten wie Vieh die Treppen runter zu uns anderen: „Kommn Se, gehn Se, machen Se, Ihnen ist wohl der Arsch angefroren? Ich werd Ihnen Beine machen!"

Wenig darauf stehen wir im „Stillgestanden", und unser Kompaniechef, von den Soldaten „Teck-Teck" genannt, kündigt uns einen Zwanzigkilometermarsch unter vollem Gepäck nach Normzeit mit anschließender Gefechtsausbildung, Schießübung und Übernachtung im Freien an. Nicht schlecht. Drei Wochen lang hat es geregnet. Die Temperatur beträgt minus zwei Grad. Und das Übungsgelände, das kennen wir. Fünf mal fünf Kilometer sumpfige Wiesen.

Leichtes Murren steigt auf. „Aber, aber", knarrt Teck-Teck, „ich kann den Marsch auch unter Gas machen lassen." Das will um Gottes willen keiner, also sind alle sofort still.

Teck-Teck hat seinen Namen bekommen, als er einem „Spritzer", einem frisch zum Grundwehrdienst Eingezogenen, der das erste Mal den großen Flur der Kompanie scheuerte, wütend den Schrubber aus der Hand riß und rief: „Geben Sie her das Ding, so wird das gemacht: teck, teck, teck, teck!" wobei er mit dem Schrubber hin und her fuchtelte.

Nun ist Teck-Teck fertig, und wir marschieren ab. Daß wir uns bewegen dürfen, ist ein Gottesgeschenk, denn die Dutzende Kilo auf dem Rücken pressen die Tragriemen schon jetzt scheußlich ins Fleisch. Im Stehen hält man es kaum fünf Minuten aus.

Als wir eine halbe Stunde gelaufen sind, wird einer von uns blaß. Er wird langsamer. Sein Atem geht stoßweise. Er fällt auf die Knie und erbricht sich. Zwei Mann gehen zurück. Der eine hängt sich die MP des Kumpels um, der andere nimmt einen Teil seines Gepäcks. Der Junge ist fix und fertig.

Er ist nicht der Einzige. Wir alle können kaum noch.

Die Offiziere haben gut daran getan, die dienstjüngeren Soldaten vornweg marschieren zu lassen. Die haben noch Schiß vor den Offizieren und lassen sich von deren Gebrüll ganz schön einschüchtern. Dabei sind sie genauso fertig wie wir Dienstälteren. Von hinten hören wir bei ihnen vorn unseren heißgeliebten Kompaniechef brüllen: „Wenn Sie sich nicht der Marschgeschwindigkeit, die ich Ihnen vorgebe, anpassen, werde ich Sie bestrafen lassen!" Dieses Arschloch. Der läuft ja auch ohne Gepäck, MP, Schutzanzug und das ganze Zeug.

Die vorn werden noch schneller. Sie hasten und hasten. Mein Gott, und es ist noch so weit. Jeder von uns keucht vor sich hin. Alles, was man spricht, nimmt einem Luft weg, die man doch braucht, um nicht ausgepumpt in den angefrorenen Schlamm zu fallen. „Gottverdammich", ringt sich einer von uns hinten ab, „Gottverdammich, langsamer, ihr Dreckschweine!" Sonst sagt keiner was. Man hört nur das Klappern der Metallteile, das Keuchen der Lungen und das Stampfen unserer Stiefel. Ein Offizier ist an den Brüller herangekommen: „Sind Se still! Hier wird nicht gesprochen!"

Einige von uns pfeifen. Worte wie „Scheiße" und „Antreibervieh" werden laut. Wir sind jetzt so gereizt, daß wir unsere Angst verlieren.

Die Füße sind rettungslos naß. Nach einer Dreiviertelstunde durch halbgefrorenen Schlamm kein Wunder. Der Offizier brüllt: „Ruhe im Glied!" Gelächter: „In unseren Gliedern ist jetzt sowieso Ruhe, alter Arsch." So geht das noch eine Weile hin und her. Mein Hintermann flüstert mir zu: „Langsamer werden. Weitersagen!"

Der Abstand zwischen den Zügen der frisch eingezogenen Soldaten und uns wird größer. Unsere Marschordnung beginnt sich aufzulösen. Der Offizier und seine zwei Unteroffiziere verpfeifen sich nach vorn, als sie merken, wie uns allmählich die Stinklaune wächst. Wir laufen nun völlig ohne Vorgesetzten.

Langsam gehts uns wieder besser. Komme da, was wolle, so wie wir jetzt laufen und nicht anders bringen wir diesen Schindermarsch zu Ende.

Die vor uns sind nun fast vierhundert Meter weit weg. Sollen sie doch! Manche von uns haben Wut auf sie und fluchen: „Spritzergeprassel! Elende Kriechtiere!" . . . Als wir erst ein paar Wochen bei der Armee waren, haben wir auch noch nicht so aufgemuckt wie jetzt . . .

Man macht es sich bequem. Wem die MP zu sehr in die Schulter drückt, der nimmt sie in die Hand oder hängt sie um den Hals. Ich schnalle mir mein Gepäck zeitweilig vor den Bauch. Alles verbotene Dinge, die das Marschieren erleichtern, aber in der Marschordnung verboten sind. Weil die marschierende Truppe ein ordentliches Bild abgeben muß.

Eine halbe Stunde nach den anderen trifft unser Haufen am vorgegebenen Treffpunkt ein. Als wir in den Sichtbereich Teck-Tecks kommen, läßt er die Truppe stillstehen. Uns auch. „In Anbetracht dieser unerhörten Disziplinlosigkeit der dritten Gruppe (das waren wir) bestrafe ich diese Genossen mit vier Wochen Ausgangs- und Urlaubssperre. Außerdem werden die Genossen das Vergnügen haben, zwei Wochen lang Klo und Flur morgens und abends zu reinigen. Das wär's. Wegtreten!"

Fünfzehn Minuten Pause. Erschöpft lassen wir uns auf den klitschigen Waldboden fallen, mitsamt unserem umgeschnallten Krimskrams. Für diesen Tag haben wir als Marschverpflegung bekommen: Ein Stück Brot in Blech eingeschweißt, eine winzige Büchse Bierschinken, ein Päckchen Salz, eine Packung Keks, Wasserentkeimer und Tee. Ich mache mich über die Kekse her. Als ich die Hälfte der Packung verschlungen habe, kommt das Kommando zum Antreten. „Jetzt geht die Scheiße wieder los." Der das sagt, hat sich beim Marsch die Ferse wundgerieben und stöhnt bei jedem Schritt auf. „Der soll doch zum Sani gehen", ruft jemand aus einer anderen Gruppe.
Klar, zum Sani. Ich gehe zum Kompaniechef.
„Wie kommen Sie denn auf Saniauto? Wir brauchen doch kein Saniauto. Der Genosse soll sich bei den Übungen ein bißchen zusammenreißen. Wenn das nun ein Ernstfall wäre, was dann?"
Ich komme zurück. „Teck-Teck sagt, der Genosse soll sich zusammenreißen bei den Übungen." Meine Kumpel blicken verärgert drein. „Diese Säue!" sagt einer vor sich hin.

Wenig später jagen wir über den Gefechtsacker. Schützenkette. Schützenreihe. Auf. Nieder. Stellung. Eingraben. Gas. Auf. Marsch, marsch. Tiefflieger. 800 Meter Sumpfwiese. Und das Ganze zurück. Und das Ganze nochmal. Wenn ich mich auf den Boden werfe, kralle ich mich in die Erde und ringe verzweifelt nach Atem. Nur noch zwei Sekunden liegen dürfen in diesem Schlamm. Auf, marsch, marsch, zum Sturmangriff.

Nach zwei Stunden ist Normabnahme in Bewegungsarten auf dem Gefechtsfeld angesagt. Fünfzig Meter „Gleiten" in soundsoviel Sekunden. Das reine Schlammbad. Wer es nicht schafft: Bittesehr, noch einmal, und noch einmal und noch einmal. Danach die gleiche Strecke mit Ausrüstung und Strecksprüngen. Dann mit einem „Verwundeten" auf dem Rücken.
Und danach dürfen wir uns mit letzter Kraft in das nasse Wäldchen schleppen und Mittag machen.

Dreißig Minuten Pause. Wir ziehen unsere „Kocher" aus dem Sturmgepäck, entzünden eine Spiritustablette (Brennstärke: zwei Streichhölzer) und setzen die Wurstbüchse mit etwas hineingebrocktem Brot darauf, um wenigstens etwas Warmes in die Mägen zu kriegen. Mein Kocher kippt um und fällt in die wenige Zentimeter neben ihm beginnende Pfütze. Verdammter Mist!

Ich sitze da wie ein Kind im Dreck. Ein Offizier stolziert zwischen uns umher: „Na! Erholen Sie sich gut, Genossen Kämpfer!" Das soll wohl eine, na, was, eine Aufmunterung sein! Der Spaßvogel.

Nach der Pause gehts wieder rund. Atomschutzanzug an, Gasmaske über. Tausend Meter Geländelauf. Keiner kann mehr. Wir torkeln durch die Wiesen wie eine Horde betrunkener Schmetterlingsfänger. Zuguterletzt rennen wir nicht mehr. Wir haben die Schnauze voll und gehen das restliche Stück. Womit wir uns einhandeln, daß wir die ganze Sache noch einmal machen dürfen. „Bei Befehlsverweigerung Militärgericht", sagt der Offizier. Wunderbar. Das spornt natürlich an. Also los, schön langsam, aber so, daß es einem Dauerlauf immer noch ähnelt. Wir überstehens und dürfen uns in eine entfernte Ecke der Wiese verpissen, um da eine Stellung zu beziehen. Wir gehen davon, Platzpatronen um uns schießend. Wir sollen uns durchkämpfen, hat Teck-Teck gesagt.

Kaum haben wir die „Stellung" bezogen und uns auf ein paar trockenen Ästen wie Vögel zum Schlafen gelegt, da sehen wir graue Wolken auf uns zutreiben. Teck-Teck verschießt Tränengas in unsere Richtung. Also Gasmasken auf und weiterdösen. So liegen wir im vorbeiziehenden Gas und träumen vor uns hin . . . Ich möchte wieder mal eine Frau haben. Bumsen. Ich weiß gar nicht mehr richtig, wie das ist . . .

Als es dunkel wird, finden wir uns alle im Wäldchen ein. Waffen putzen steht auf dem Programm. Dann sollen wir aus den um unser Sturmgepäck geschnallten Planen Zelte für die Nacht bauen. Nach Vorschrift. Die Zelte stehen binnen kurzer Zeit, es fehlen nur noch die Böden. „Böden gibts nicht", erfahren wir vom Offizier, den wir danach fragen. Auf dem halbgefrorenen, glitschigen Boden schlafen. Auch nicht übel.

Am anderen Ende des Wäldchens sind inzwischen wunderliche Dinge geschehen. Zwei Lastkraftwagen haben Steilwandzelte gebracht. Ein Dieselaggregat tuckert. Der Schreiber der Kompanie läuft geschäftig mit weißer Schürze hin und her, Kaffeefilter schwenkend. Die Zelte erhalten weiße Einknüpfungen. Über den Zeltboden rollen einige Soldaten erst Plastfolie, dann obendrauf noch rote Läufer. Nobel, nobel! Dann werden die Betten aufgestellt. Auch das sehr gepflegt: weißes Bettzeug, elektrische Nachttischlämpchen. Alsbald klappern Bierkästen, Warmluftgebläse summen ihr lustiges Lied. Alkoholgenuß ist streng verboten. Junge, Junge, da lernst du das Staunen.

Nun ist Abendessen angesagt. Kocher mit Tabletten wieder ins Moos. Kekse und Salz in den Tee, ein Breichen gemacht. Schmeckt wie Leim, ist aber warm. Bald ist es völlig dunkel. Bei den Offizierszelten leuchten die elektrischen Lampen auf. Wir aber ziehen wieder in den Kampf, der diesmal Nachtangriff heißt. Wieder stolpern wir über die Wiesen und ballern mit Platzpatronen. Tränengasgranaten werden hin und her geworfen. Einer packt eine Tränengasgranate, die gerade zwischen uns landet, und schleudert sie in Richtung Offizierszelte. Trifft auch prompt den Eingang. Keuchend und hustend kommen die drei führenden Offiziere der Einheit heraus. Zwei von ihnen in Unterwäsche. Was haben die da drin gemacht? Etwa geschlummert? Oder? Wer das gewesen sei, wollen sie wissen. Keiner weiß von etwas. Auch die Unteroffiziere halten dicht.

Gegen null Uhr haben wir Ruhe. Der Kompaniechef wünscht uns „Gute Nacht" und verschwindet in seinem geheizten Zelt. Wahrscheinlich nimmt er an, daß wir uns nun in den Schlamm legen und vom nächsten Ausbildungstag träumen.

Falsch. Wir machen etwas ganz anderes. Wir machen uns ein Feuerchen. Uns ist so hundekalt, daß uns fast der Arsch abfällt. Als das Feuer brennt und das Stimmungsbarometer steigt, tritt Teck-Teck aus seinem Kaiserzelt und verkündet: „Sofort das Feuer aus! Wohl dem Feind noch Zeichen geben, was? Und die feindliche Luftaufklärung! Sie haben wirklich nichts in Ihren Schädeln. Los! Feuer ausmachen, hab ich gesagt!"

Murrend löschen wir das Feuer. Der Kompaniechef geht den von vielen Elektrolampen erleuchteten Weg zum Offiziersfeldklo, das einige Soldaten eigens für diese Nacht zimmern mußten. Soldaten und Unteroffiziere haben auf diesem Klo natürlich nichts zu suchen.

Wir hocken im Dunkeln in der nassen Kälte. Es sind vier Grad minus. Noch drei Stunden, dann beginnt der nächste Ausbildungstag. Mit dem Kommando: „Nachtruhe beenden!"

Michael Sallmann
Verhaftung bei der Armee

Frühling 1977. In diesem Jahr werde ich aus der Armee entlassen. Noch rund 200 Tage, dann ist es soweit. Endlich. Fast ebensoviele Tage sitzen meine Freunde Kuno und Pannach mit vielen anderen schon bei der Stasi im Gefängnis, verhaftet im Herbst '76 nach Biermanns Ausbürgerung.

Nachdem ich in jenen turbulenten Wochen im Radio von den Verhaftungen gehört hatte, durchlebte ich 14 Tage voller Furcht vor meiner eigenen Festnahme, denn ich hatte mir, wenn auch in geringerem Umfang, dieselben Aktivitäten „zuschulden" kommen lassen wie Pannach.
Aber sie holten mich nicht.
Ich schöpfte wieder Mut, nahm meine Gitarre und ging in die Kompanieclubs, um mit Liedern und Gedichten meine politische Oppositionshaltung unter die Soldaten zu bringen.

Seither bestritt ich 18 solcher Veranstaltungen. Das war nicht immer einfach, denn ich mußte den Zeitpunkt abpassen, zu dem nach Dienstschluß außer dem Offizier vom Dienst keine weiteren Offiziere mehr in der Einheit, in der ich auftreten wollte, herumgeisterten.

Nach den ersten Abenden in der Kaserne rechnete ich mit dem Schlimmsten, aber es ging vorerst gut. So sah die Situation Anfang April aus. Ich glaubte, daß ich die Ausnahme sei, die noch einmal davongekommen ist.
Aber ich bin nicht davongekommen.

Am Vortag der Verhaftung werde ich aus dem Armeelazarett, in dem ich wegen taubgeschossenen Ohren gelegen hatte, entlassen. Abends gehe ich in die Bücherei, um meine Freunde zu treffen. Die Bücherei, von Soldaten verwaltet, ist Treffpunkt für kulturell und politisch Interessierte.

Meine Freunde treffe ich in der Bücherei an, bei ihnen sitzt einer, der in der Kompanie als Stasispitzel verschrien ist. Als ich an ihren Tisch herantrete, blickt er mich mit ernstem Gesicht an. Er scheint nervös zu sein. Früher, als ich mich mit ihm einmal in einer Kneipe betrunken hatte, bekannte er mir, daß er für die Stasi arbeite. Wie er damals erzählte, sei er dazu erpreßt worden. Er würde es aber auch tun, weil er auf diese Weise Macht über Menschen habe. Ich glaubte ihm kein Wort.

Als ich nun am Büchereitisch sitze, beugt er sich vor und flüstert mir zu, er müsse mich unter vier Augen sprechen. Etwas widerwillig erhebe ich mich und verlasse mit ihm den Raum. „Unten im Zimmer von Leutnant L. (das war der Stasioffizier des Bataillons) hab ich heute Fotokopien deiner handschriftlichen Gedichte liegen sehen. Du, da ist was im Busch." Seine Augen huschen beim Sprechen ängstlich hin und her.
„Ach, was", erwidere ich mißtrauisch. „Das sind doch Hirngespinste von dir. Das nehm ich dir nicht ab."
„Doch", bekräftigt er, „doch, es ist so, glaub es nur."

Nachdem ich in meine Kompanie zurückgekehrt bin, entdecke ich auf der Mitteilungstafel meinen Namen unter denen meiner engsten Freunde, darüber steht mit Kreide geschrieben:
MORGIGES BESENKOMMANDO. WECKEN EINE STUNDE VOR NORMAL. ABMARSCH DREISSIG MINUTEN SPÄTER.
Das ist aber schön, freue ich mich, wird'n ruhiger Tag. Besenkommandos waren immer schon heimliche Penn- und Saufkommandos.

Am nächsten Morgen. Meine vier Freunde und ich marschieren mit geschultertem Besen unter dem Befehl unseres Hauptfeldwebels zum Kehren in die NVA-Kaserne Leipzig-Viertelsweg. Der Hauptfeldwebel läßt uns in eine dumpfe, muffige Hofecke marschieren, wo es absolut nichts zu kehren gibt. „Halt! Rührt euch!" Er verschwindet hinter der nächsten Hausecke.
Von dort hören wir Autos und schlagende Türen. Der Spieß kommt zurück und befiehlt uns, um besagte Ecke zu marschieren. Als wir einbiegen, sehe ich zwei schwarze Limousinen, vor denen ein Rudel Offiziere steht. Darunter befindet sich auch Oberst Fürst, einer der befehlenden

Offiziere des Leipziger Generalstabs. Er zappelt fortwährend mit seinen Fingern und streicht sich nervös über sein glänzendes Kinn. Die anderen Offiziere kenne ich nicht. Unser Spieß läßt uns vor den Offizieren haltmachen und strammstehen. Vor uns hin tritt der Oberst; er räuspert sich:
„Genossen Soldaten! Ist unter Ihnen ein Genosse Soldat Sallmann?"
„Zu Befehl, hier, Genosse Oberst", melde ich mich vorschriftsmäßig.
Fürst senkt seine Augen und schluckt, bevor er weiterspricht: „Genosse Sallmann", sagt er mit leiser, unmilitärischer, fast väterlicher Stimme, „hier ist ein Genosse Major, der wünscht Sie zu sprechen." Dabei zeigt er auf einen Major mit der Waffenfarbe der Artillerie, der neben den Limousinen steht. Plötzlich strafft sich der Oberst und kommandiert streng:
„Genosse Soldat Sallmann, zum Genossen Major!"
Ich stiefele auf den Major zu, mache vor ihm Männchen und melde (wiederum vorschriftsmäßig): „Genosse Major, Soldat Sallmann wie befohlen zur Stelle!"
Der angebliche Major der Artillerie lächelt und öffnet die Tür einer der beiden Wagen: „Genosse Sallmann, wir benötigen Sie zur Klärung eines Sachverhaltes. Steigen Sie in den Wagen".
Mechanisch steige ich ins Auto. Auf die hintere Sitzbank. Neben mir sitzt ein Leutnant der Artillerie. Er würdigt mich keines Blickes. Der dickliche Major zwängt sich auch noch neben uns und ich klebe eingekeilt zwischen den beiden. Kaum hat der Major die Tür zugeschlagen, schießt der Wagen los. Ich kann gerade noch einen Blick auf meine Freunde werfen. Mit gesenktem Kopf stehen sie da.

Zunächst geht die Fahrt auf die Autobahn in Richtung Halle. Langsam, ganz langsam, beginnt mein Hirn wieder zu arbeiten. Klärung eines Sachverhaltes? Wo wird denn der geklärt?
Dann jagen sich die Gedanken:
Was können sie von dir wissen? Die Veranstaltungen bestimmt. Welche Gedichte habe ich wem gegeben oder geschickt? Was wissen sie von den Sachen in der Kaserne?
Im Auto eisiges Schweigen. Ich vermute gerade, daß sie mich nach Halle in die Generalmilitärstaatsanwaltschaft unseres Militärbezirkes fahren und mich über meine Beziehungen zu Fuchs, Pannach und Kuno ausfragen, da biegt der Wagen auf die Autobahn nach Berlin ab. Ich lese ein Schild am Rande der Betonpiste: Nervenheilanstalt. Abfahrt 3000 m. Mir

kommt ein miserabler Gedanke in den Kopf. Um Gottes willen, die wollen dich ins Irrenhaus stecken!
Ein Felsbrocken rollt mir vom Herzen, als wir an der Abfahrt zur Nervenheilanstalt vorbeibrausen.
Die Stasibeamten, mit denen ich es ohne Zweifel zu tun habe, schweigen weiter. Nur einmal spricht der Major mit dem Fahrer des Wagens: „Wenn Sie heute Abend wieder runterfahren, nehmen Sie doch bitte gleich die anliegenden Depeschen mit."
Mich befällt ein Hoffnungsschimmer. Vielleicht fahre ich auch mit zurück! Vielleicht wird wirklich nur ein Sachverhalt geklärt! Eine Zeugenbefragung. Weiter nichts. Aber warum dann dieser Aufwand?

Wir nähern uns Berlin. Ein Schild am Rande der Autobahn weist mich darauf hin: Willkommen in Berlin. Dann noch eines. Darauf lacht der Bär – in Berlin, da ist was los. Bunte Veranstaltungsreihe. Berlin live.
Während der Fahrt habe ich den Major mehrmals von der Seite gemustert. Beim ersten Mal blickt er mich kurz an, reißt dann aber den Kopf mit einem Ruck herum und stiert dem Fahrer weiter ins Genick. Der andere, der Leutnant, schaut chronisch zum Fenster hinaus. Seine Augen sind ganz ruhig. Auf seiner Stirn bilden sich kleine Schweißtröpfchen, wenn ich ihn länger anblicke.

Wir rollen übers Adlergestell. Dann in die Hohenschönhauser Straße. – Aha. Also Hohenschönhausen. Jetzt bin ich dran. Jetzt ist es soweit.
Der Wagen biegt in eine holprige Nebenstraße ein. Am Ende der Straße erkenne ich einen rotweißen Schlagbaum. Vorm Schlagbaum halten wir, die Offiziere ziehen schmale Ausweise aus den Taschen, die Jacke des Majors verrutscht und ich kann für einen kurzen Moment die um die Hüfte geschnallte Pistole sehen.
Ein Posten kontrolliert, der Schlagbaum schwenkt hoch. Der Wagen rollt im Schrittempo auf eine enorm hohe Mauer zu, deren Sims mit elektrischen Drähten und einzementierten Glassplittern versehen ist. Vor einem mächtigen Stahltor hupt der Fahrer einmal kurz, einmal lang. Das Tor schiebt sich rasselnd beiseite. Ich sehe zwei Posten mit MPs an den Hüften. Wieder zeigen die Stasi ihre Ausweise. Weiter gehts. Der Wagen macht eine scharfe Linkskurve und hält vor einem Gebäude, das wie ein Kulturhaus aussieht. Der Major steigt aus. Zu mir sagt er knapp: „Bleiben sie erstmal sitzen." Er verschwindet in dem Haus.

Wenig später steigt er wieder ein und wir fahren im Schrittempo weiter. Links und rechts hohe Mauern, ganz vorn wieder ein Stahltor, in

dem Gebäude, an dem wir vorbeifahren, sehe ich Fensteröffnungen, die mit Glasziegeln zugemauert sind. Nur oben ist ein dünner Schlitz gelassen worden. Vor den Glasziegeln ist ein Gitter angebracht.
Der Wagen ist bis ans Stahltor herangefahren. Aus einer Tür treten drei Uniformierte und zwei Männer in blauen Nylonkitteln. Der Major steigt mit Schwung aus und macht eine höhnisch-höfliche Geste: „Genosse Sallmann, wir sind am Ziel unserer Reise!"

Umringt von Uniformen und Blaukitteln laufe ich einen Flur entlang, auf dem ein schwerer roter Läufer liegt. Links und rechts gepolsterte Türen. Ich gehe wie im Traum. Durch eine Polstertür in einen kahlen Flur. Hier entlang! Stehen bleiben! Jetzt gehen! Ein Blaukittel führt das Wort. Er lotst mich in einen winzigen Raum, in dem ich mich hinter einer Barriere ausziehen muß. Uhr, Geld, Brieftasche, Kamm, alles wird mir abgenommen. Auf Anweisung des Blaukittels ziehe ich mir die Arschbacken auseinander. Er guckt mir in den Hintern. Dann Vorhaut zurück.
„Haben Sie Zahnprothesen?"
„Nein."
„Gut. Dann unterschreiben Sie hier über die Abgabe ihrer Gegenstände. Wann wurden Sie verhaftet?"
„Verhaftet?" Jetzt ist es raus.
„Ich bin hier zur Klärung eines Sachverhaltes, denke ich . . . "
Der Blaukittel ist sichtlich gelangweilt: „Bitte, wenn Sie es so wollen . . . "
Ich quittiere den Empfang von Trainingsanzug, Socken, Unterwäsche und Pantoffeln. Währenddessen steht an der Tür ein Uniformierter, ein Soldat, fast noch jünger als ich. Was mag der wohl denken?

Drei Uniformierte bringen mich durchs Gebäude. Eine Stahltür wird aufgeworfen, dann sehe ich einen langen Gang, Zellentüren, nichts als Zellentüren. An den Wänden Drähte. Wo ich mit meinen Bewachern entlangkomme, blinken rote Lampen auf. An jeder Ecke muß ich an einem weißen Strich warten, einer der Uniformierten geht vor, blickt um die Ecke und sagt dann: „Komm Se."
Es geht in den zweiten Stock hinauf. Im Treppenhaus, das mit Netzen ausgespannt ist, passiert eine Panne: Während wir die Treppen emporsteigen, wird oben auf dem Treppenabsatz eine Tür aufgeschlossen und ein Uniformierter, der wahrscheinlich einen Häftling bei sich hat, läuft meinen Bewachern in die Quere. „Tür zu! Zurück und Tür zu!" kreischt einer aus meinem Bewachertrupp, während ein anderer mich zur Wand zerrt.

Schon ist alles vorbei.
Wir laufen weiter, auf eine graue Tür zu, die von einem strammen Uniformierten bereits aufgehalten wird. „Hier rein!" Die Tür wird hinter mir zugeworfen. Innen ist sie mit Stahlblech verkleidet. Zwei Riegel werden krachend vorgelegt, der Schlüssel lärmt im Schloß.
Es ist eine Einzelzelle.
Eine Klappe in der Tür geht auf, jemand legt ein schmutziges, abgegriffenes Heft auf den Rand. Die Anstaltsordnung. Ich komme vorerst nicht dazu, sie mir zu Gemüte zu führen, denn gleich darauf wird die Tür geöffnet. Zwei Posten bringen mich durch das Gewirr von Gittern, Netzen und rotblinkenden Lampen. Man hört nur das Klappern der Stiefel und das Klirren der Schlüssel, sonst ist alles totenstill. Hinter den Reihen der grauen Türen nicht ein einziger Laut.

Sie schaffen mich in einen anderen Gebäudeteil. Wieder Polstertüren, Kokosläufer auf dem Mittelgang, an den Türen Nummern. Wir machen vor der Nummer 752 halt.
„Stehenbleiben! Gesicht zur Wand!" unterweist mich der Posten. Er klopft und öffnet, ohne zu warten. „Gehen Sie rein!"

Das Zimmer ist ein normales Bürozimmer mit Konferenztisch, Schreibtisch, Aktenschränken. Aber Gitter vor dem Fenster. Hinter dem Schreibtisch sitzt ein dünner Mann mit dunkler, dickrandiger Brille, Zigarette rauchend. Drahtiges Dackelhaar.
„So, Herr Sallmann, nehmen Sie Platz." Er weist auf den Konferenztisch. „Sehen Sie, jetzt kommen wir uns endlich näher. Wir kennen uns nämlich schon lange. Sie uns natürlich nicht, aber wir Sie. Sie haben doch sicher mit uns gerechnet?!"
Ich verlange Aufklärung darüber, weswegen man mich von meiner Einheit weg hierher gebracht hat und was sie von mir wollen. „Wer sind Sie überhaupt?" Ich brülle es fast.
„Ich bin Oberleutnant des Ministeriums für Staatssicherheit. Sie sind hier in der Haftanstalt der obersten Untersuchungsbehörde unseres Ministeriums. Ich bin ab jetzt sozusagen Ihr Betreuer, Ihr Vernehmer. Gegen Sie ist Haftbefehl erlassen worden. Man bringt Sie jetzt zum Untersuchungsrichter, der Ihnen den Haftbefehl vorlegen wird."

Ich werde einige Treppen tiefer gebracht. Ein nervöser, blasser Typ in der Uniform eines Majors der Artillerie verliest mir mit vor Müdigkeit fast versagender Stimme, der Generalstaatsanwalt der DDR habe Haftbefehl gegen mich erlassen wegen dringenden Verdachts der Verletzung des § 106, staatsfeindliche Hetze in Form des Verbreitens und Verfassens von Liedern und Gedichten und damit verbundener Aufwiegelung der Bevölkerung. Eine Sekretärin tippt gelangweilt meinen Widerspruch. Dann bringen mich die Posten zurück zur Dunkelbrille.

Kaum habe ich mich an den Konferenztisch gesetzt, geht die Tür wieder auf. Der Oberleutnant springt hinter seinem Schreibtisch hoch und steht stramm. Der da reinkommt, winkt ab und setzt sich in einen Klubsessel an der Wand gegenüber. Er ist in Zivil und ungefähr fünfzig. Bulliger Typ. Harter Ausdruck im Gesicht. Der ist entschlossen. Vielleicht zu allem. Nicht so wie die Dunkelbrille und die zwei im Auto.

„Sie sind ja ziemlich aufgeregt", stellt er fest. „Ich verstehe das schon. Aber in den nächsten Wochen und Monaten werden Sie sich schon an die neue Umgebung gewöhnen. Sie habens ja auch in der letzten Zeit nicht gerade leicht gehabt. Scheidung und so weiter. Das werden wir bei der Untersuchung ihrer Verbrechen berücksichtigen."

„Welche Verbrechen denn", frage ich kleinlaut. „Meinen Sie etwa meine Verse?"

„Wenn Sie in Ihren Schreibereien zum Sturz der Arbeiter- und Bauernmacht hetzen, sind das Verbrechen. Oder glauben Sie, diese Schmierereien seien etwas anderes?" Er lacht auf und blickt sich zustimmungsheischend nach dem Oberleutnant um.

„Sie sind nichts weiter als eine Kritik", sage ich leise.

Der Bullige platzt: „Kritik! Kritik? Höre ich richtig? Kritik? Staatsverbrechen, mein Lieber. Und jetzt kriegen Sie die Rechnung."

Michael Sallmann
Anwerbungsversuch

Untersuchungshaftanstalt des Ministeriums für Staatssicherheit Berlin-Hohenschönhausen. Seit mehreren Stunden ist es hell. Jetzt wird es wohl so gegen 11 Uhr sein. Meine Uhr hab ich nicht mehr. Die wurde mir bei der Einlieferung in dieses ehrenwerte Haus abgenommen.

Warum holt mich heute die Stasi nicht zur Vernehmung? Es ist doch wochentags, und in den vergangenen Wochen und Monaten wurde ich täglich über meine politischen Verbindungen und Ansichten zu diesem und jenem, bis hin zu meinem Sexualleben, „befragt".
Nein, geschlagen werde ich nicht, zumindest nicht physisch.
Aber warum holt mich heute keiner zum Verhör? Mein Zellennachbar ist schon lange Zeit weg. Auf dem Flur herrscht Ruhe. Nur das Knallen der Stiefel des Posten ist zu hören.

Vielleicht haben sie es aufgegeben mit mir, wollen die Sache nun einfach routinemäßig über die Bühne bringen. Oder sie hecken etwas Neues, noch Gemeineres aus. Irgendetwas ist los. Wenn ich an einige schmierige Andeutungen meines Vernehmers denke . . . !
Was soll das Grübeln! Das wollen die doch. Du sollst dich selber kaputtmachen: „Aber Sallmann, wir brauchen doch keine Folter mehr. Früher, da waren auch andere Zeiten, die fünfziger Jahre und so. Das haben wir doch gar nicht mehr nötig. Wir haben viel bessere Mittelchen. Die Zeit, Sallmann, denken Sie mal an die lange, lange Zeit. Die Leute sitzen und denken. Wie schön für uns!" Ja, das weiß ich alles sehr gut. Trotzdem.

Ich rechne nicht mehr damit, heute die „Abwechslung" der Vernehmung genießen zu dürfen. Gelangweilt und stumpfsinnig pendele ich in der Zelle hin und her. Vier Schritte hin. Kehrt. Vier Schritte zurück. Plötzlich kracht der Schlüssel im Schloß, die schweren Riegel werden zurückgeworfen. Ich nehme, wie es die Anstaltsordnung verlangt, in der Nähe des „Fensters" Grundstellung mit Blickrichtung zur Tür ein. Außerdem lasse ich, ebenfalls ordnungsgemäß, die Hände lose vor dem Körper herunterhängen.

Die Tür wird vom Posten aufgestoßen. Der sonst für diese Tätigkeit zuständige „Schließer" ist nicht dabei. Der Posten sagt sein „Komm Se", ich trete aus der Zelle und stelle mich gewohnheitsmäßig neben der Zelle mit dem Gesicht zur Wand auf. Dann führt mich der Posten durch die Gänge. Gitter, Alarmanlagen, Netze. Vernehmung? Jetzt noch?

Während ich so durch das Gefängnis gebracht werde, macht sich Erleichterung in mir breit, einfach aus dem Grund, weil ich wieder einige Zeit aus dieser entsetzlichen Zelle herauskann.

Wir gelangen in den Vernehmertrakt. An der Tür meines Vernehmers aber ertönt kein „Halt!" Wir marschieren vorbei. Also doch keine Vernehmung? Aber was dann? Ich werde unruhig, und mein Herz beginnt, weh zu tun. Auch so eine Sache, die ich den Stasis verdanke. Ganz am Ende des Ganges steht eine Tür halb offen, auf die der Posten zusteuert. Dort angekommen, bedeutet er mir, mich mit dem Gesicht zur Wand zu stellen und zu warten. Er geht hinein und fragt, ob er den Häftling „vorführen" darf.

Er darf. Also gehe ich hinein. Drinnen alles auf fein. Stereoradio, Blumen, zwei Kännchen Kaffee, ein Konferenztisch, ein Schreibtisch, ein junger, modern gekleideter Mann mit blonden Haaren. Durch das geöffnete, von außen mit einem Gitter versehene Fenster kann ich das erste Mal in diesem Jahr einen grünen Baum sehen. Als ich verhaftet wurde, war noch alles kahl. Nicht mal die kleinsten Knospen an den Ästen.

Der Stasioffizier grinst in sich hinein. „Na, genießen Sie erstmal die Aussicht!" Nach einer Weile des Atemholens setze ich mich an den Konferenztisch. Der Offizier setzt sich mir dicht gegenüber. Er blickt mich fast gütig an, schweigt aber. Wenn er kein Stasi wäre, könnte er mir sogar sympathisch sein. Daß er mir so nahe auf den Pelz rückt, widert mich allerdings an. Ich bin unruhig: Was will der?

Ein anderer Vernehmer, das „Chefzimmer", das lauernde Schweigen. – Ich halte nicht mehr viel aus nervlich.

„Na", fängt mein Gegenüber jetzt an, „na, Sallmann, haben Sie sich denn in der Zwischenzeit ein bißchen eingelebt bei uns? Ich nehme doch an, ja!"

Ach so. Auf diese Art. Ich gieße mir ohne Aufforderung eine Tasse Kaffee ein und trinke.

„Das, was an Ihrem Knast noch am ehesten stimmt, ist Ihr Kaffee", versuche ich Tritt zu fassen. „Na, sehen Sie", stößt der Stasi mit einem gekünstelten Auflachen hervor.

Der schauspielert doch!

„Sagen Sie, Sallmann, sind Sie aufgeklärt worden darüber, was wir Ihnen alles noch vorwerfen können, wenn wir wollen?"

„Danke, bestens."

„Und Sie denken, das, was Sie jetzt wissen, ist schon alles?"

„Nein", erwidere ich, „nach den Erfahrungen, die ich bis jetzt mit der Stasi gemacht habe, finden Sie bestimmt noch weitere Staatsverbrechen, die ich begangen habe."

„Aber, aber, Herr Sallmann, immer gleich so schwarz sehen. Doch wer weiß?! Vielleicht haben Sie den Finger auf der richtigen Spur. Was könnte denn nach Ihrer Meinung noch kommen?"

„Na, zum Beispiel habe ich für die Nationalhymne einen neuen, vielleicht etwas ironischen und bissigen Text geschrieben. Das hängen Sie mir sicherlich als Verletzung dieses Paragraphen über Verächtlichmachung von Symbolen der DDR an."

„Wir hängen niemandem etwas an, Sallmann. Sie und Ihre Freunde haben eine Weile lang eine ganze Menge geschrieben und gesungen, und jetzt ist es für eine Reihe von Jahren eben vorbei damit. – Es ist doch so: Entweder wir tolerieren Sie und Ihre Freunde, und das haben wir bisher getan, oder man toleriert es nicht mehr." Er weist mit dem Daumen auf das Gitter vorm Fenster.

„Sie haben es doch nie toleriert", lasse ich mich ein, „Sie haben nur abgewartet, bis Sie uns alle zusammen packen konnten. Die Staatssicherheit weiß selber am besten, daß wir keine Verbrechen begangen haben."

„Sallmann, bei uns sitzt keiner unschuldig. Was erzählen Sie denn für Sachen, da müssen Sie schon einiges auf dem Kerbholz haben, wenn Sie hier bei uns gelandet sind, und eben das untersuchen wir jetzt."

Nun muß ich grinsen. So ein Scheißspiel.

„Wie stellen Sie sich denn Ihre Zukunft vor. Ich meine, wenn Sie wieder aus dem Knast raus sind?" hakt er nach und schmunzelt: „Das wird ja wohl nicht gleich übermorgen sein."

„Was soll ich schon groß machen? Ich werde wieder arbeiten gehen. Irgendeine Arbeit, zu der mich das Gericht zwangsverpflichtet. Wenn ich

großes Glück habe, bekomme ich Arbeit als Kraftfahrer. Das habe ich immer ganz gern gemacht. Klar. Lieder und Gedichte werde ich auch wieder machen. Das kriegen Sie auch mit Knast nicht aus mir raus. Vielleicht werde ich mich beim Zentralen Studio für Unterhaltungskunst um einen Berufsausweis bewerben. Aber als politisch Vorbestrafter in der DDR auf sowas zu hoffen, ist wohl schon dooflich."
„Sehr gut", lobhudelt der Stasi, „Sie haben wenigstens schon Vorstellungen und versuchen, die Realitäten abzustecken. Manch einer, dem es ähnlich wie Ihnen geht, tut nicht einmal das!" –
„Welches Verhältnis", fängt er wieder an und läuft jetzt im Zimmer auf und ab, „haben Sie eigentlich zum Problem Staatssicherheit im Sozialismus überhaupt?"
„Darüber habe ich schon eine Vernehmung gehabt. Ich erzähle Ihnen das alles nicht noch einmal."
„Sie verneinen die Notwendigkeit der Existenz eines Geheimdienstes im Sozialismus, soweit mir bekannt ist, nicht vollständig?"
Ich erkläre ihm, daß ich für die Existenz von Staatsorganen bin, die die Errungenschaften beim Aufbau des Sozialismus schützen und die ihre Macht und ihre Befugnisse nicht dazu mißbrauchen, innenpolitische Repressionen gegen die Bevölkerung und die Arbeiterklasse im besonderen auszuüben.

Der Stasi hat sich nun hinter seinen Schreibtisch verzogen und den Kopf träumerisch in die Hand gestützt. „Das klingt ja nicht schlecht", höre ich ihn sagen, denn ich blicke lieber den schönen grünen Baum vor dem Fenster an als sein Gesicht.
„Aber das sind doch alles nur Worte, Sallmann, es fehlen die Beweise. Wir sind doch hier kein Quatschverein! Sie müßten uns beweisen, daß Sie nicht nur quatschen, so laufen doch die Dinge, wenn man sie ernsthaft anpackt." Er lacht.
Verflucht. Langsam dämmert es mir, und ich erkenne das Loch, aus dem die Schlange kriecht.
„Wie sollte ich als liederschreibender Mensch denn anders zum Staatssicherheitsdienst in Beziehung treten, als daß ich Lieder über ihn schreibe?"
„Ach, Quatsch", winkt der Stasi ungeduldig ab, „Lieder sind doch auch nur Gequatsche."

Er kommt wieder ganz nah heran und legt mir nun auch noch die Hand auf die Schulter. Ich weiß, was jetzt für Worte gesprochen werden.

Zwar habe ich dergleichen selbst noch nie gehört, aber ich weiß, daß viele gute Leute im Knast den Erpressungen und erpresserischen Verlokkungen des Stasi erlagen und angeworben wurden. Ich weiß auch, daß ich jetzt dran bin, daß sie jetzt den Hebel bei mir ansetzen.

Da duzt mich der Offizier plötzlich und kommt zur Sache: „Du würdest zu den Einsätzen mit Häftlingen auf Zellen zusammengelegt, mit denen wir unsere Schwierigkeiten haben. Deine Aufgabe bestünde darin, uns bestimmte Informationen zu liefern, die wir mit unseren Mitteln nicht aus diesen Straftätern herausbekommen. Du erhieltest selbstverständlich einen anderen Namen und eine neue Geschichte. Kannst es dir auch selbst ausdenken. Bist ja Schreiberling. Das alles dient nur zu deiner eigenen Sicherheit. Noch Fragen?"

Diese Arroganz in der Sprache schockt mich vollends. Ganz außer Fassung bringe ich stammelnd hervor: „Was, Ihr wollt mich hier als Spitzel in die Zellen schicken?"

Er zuckt mit den Schultern. „Nenn es, wie du willst. Aber überleg dir's gut." Und noch unbekümmerter: „Wenn du's hier im Knast nicht machen willst, können wir uns auch drauf einigen, daß wir dich draußen einsetzen. Wir sind da immer recht großzügig. Über die Art dieses späteren Einsatzes müßten wir uns dann aber noch Gedanken machen."

„Soll ich etwa solche Dinger machen wie H.?" frage ich entsetzt (H. war wegen staatsfeindlicher Gruppenbildung zu 8 Jahren verurteilt worden. Nach seiner vorzeitigen Entlassung arbeitete er unter falschem Namen und mit falschen Papieren für das MfS).

„Ach, immer Ihr H." Gottseidank siezt er mich wieder. „Hat der Ihnen auch diesen Quatsch erzählt, er wäre bei uns engagiert? Das haben Sie doch hoffentlich nicht geglaubt. Wir kennen die Story ja schon. Gerulf (Pannach) hat er's ja auch erzählt. Sallmann, glauben Sie denn wirklich, wir lassen uns mit Leuten ein, die Altweiberklatsch in alle Winde streuen?"

„Das war vielleicht ein Trick feinerer Art von ihm, uns hinter dem Ofen hervorzulocken mit dem Zaubermittel der tiefsten Offenheit!" entgegne ich.

Er lacht: „Und Sie sagen, Sie könnten nicht für uns arbeiten. Ich will Ihnen was sagen. Kommen Sie zu uns, Sie werden es in keiner Weise zu bereuen haben. Ich hab's auch nicht bereut. Wie Sie sehen, geht's mir gut. Ich werde fett (er zeigt auf seinen Bauchansatz), und einen Fiat habe ich auch vor der Tür stehen."

Ich gehe auf seinen Ton ein: „Im Gefängnis einsetzen, wie meinen Sie das genau, bleibe ich denn nach der Verurteilung hier bei der Staatssicherheit?"
„Allerdings. Der Vollzug in Bautzen oder Brandenburg bliebe Ihnen dann erspart", flötet er.
„Aber mein Vernehmer sagte mir, im Strafvollzug könnte ich sogar meine Gitarre bekommen und dort weiter Lieder machen." Bei dieser Vorstellung muß ich nun lachen. Der Stasi lacht mit. „Nein, im Ernst. Man soll dort größere Freiheiten haben als hier."
Nun wird er ärgerlich. Das paßt ihm nicht in den Kram. „Da hat Ihnen Ihr Vernehmer aber ganz schönen Mist erzählt. Im Vollzug ist der Ofen aus, mein Lieber. Nischt mit Gefangenenchor und so. Wenn Sie schon eine Gitarre bekommen, dann von uns und hier im Haus. Das braucht aber seine Gegenleistungen. Womit wir wieder beim Thema wären. Im übrigen sind wir hier ganz unter uns. Ihr Vernehmer weiß nicht, daß Sie hier sind. Wir können in größter Ruhe alle Details besprechen. Sie müssen sich auch nicht sofort entscheiden, wir lassen Ihnen etwas Zeit. Wenn Sie sich für uns entscheiden, garantieren wir Ihnen gleich nach dem Knast einen guten finanziellen Start. Wollten Sie nicht auch ein Studium am Literaturinstitut in Leipzig machen? Darüber kann man doch reden! Wir können auch darüber reden, ob Sie bis zum Beginn des Studiums beim Mitteldeutschen Verlag Halle beschäftigt werden wollen. Ja, das ist das Richtige für Sie. Sie könnten dann endlich weg aus Leipzig. Soviel schlechte Erfahrungen da, Scheidung, Verhaftung. Und dann in eine Einzimmerneubauwohnung in Halle. Na, wenn das nichts ist! Natürlich müßte erst Gras über Ihre Angelegenheit gewachsen sein. Alles weitere hinge dann von Ihrer Einsatzfreudigkeit ab."
„Und wen soll ich bespitzeln. Etwa meine Genossen?"
Der Stasi lacht wieder auf. „Aber nein. Nichtmal das! Wir würden natürlich auf Ihre Vorbehalte Rücksicht nehmen und Sie nicht zu Ihren Genossen sperren. Das fehlte noch, da würden Sie vielleicht auch noch hier Ihre üblen Pläne weiterschmieden!"
„Danke. Das mach ich sowieso."
Diesmal lachte er nicht über meine Worte. „Sie würden auch draußen nicht wie üblich eingesetzt, sondern nur in Fällen, na, Menschenhandel zum Beispiel, wo Sie doch hoffentlich mit uns übereinstimmen, daß diese Leute Verbrecher sind. Gerade in dieser Richtung haben wir noch große Arbeit zu leisten. – Sallmann, Sie müßten doch eigentlich wissen,

daß Ihnen nun niemand mehr helfen kann. Biermann nicht, der sitzt in Hamburg, Pannach und Fuchs nicht, die sitzen hier (er lacht). Am besten, Sie helfen sich selber. Wir als Staatssicherheit können die Höhe des Strafmaßes nicht bestimmen, aber einen gewissen Einfluß haben wir schon darauf. Sie sollten nicht vergessen, daß wir dem Obersten Militärgericht einen Vorschlag über die Höhe Ihrer Haftstrafe machen müssen. Vielleicht kommen Sie etwas billiger weg – mit vier Jährchen . . . !"

Die Art des Gesprächs ist mir so zuwider, daß ich kotzen könnte. Daran ist auch meine innere Unsicherheit Schuld, gegen die ich nicht mehr ankomme. Krampfhaft und hektisch beißen sich meine Gedanken ineinander. Soll ich die Chance, eher aus dem Knast herauszukommen, nutzen und zum Schein auf die Wünsche der Stasi eingehen? Ich weiß doch genau, daß der, der sich einmal mit diesem Verein eingelassen hat, ein verlorener Mann ist!

Und doch bin ich meiner Sache nicht so sicher.

Kann ich meine Gedichte schreiben, wenn ich im Auftrage der Stasi Menschenhändler aufs Kreuz lege? Kann ich dann überhaupt noch schreiben?

Gegen diese kriminellen Organisationen habe ich ja eigentlich eine Menge . . .

– Ich merke, daß ich schon versuche, eine etwaige Zusage vor meinem Gewissen zu entschuldigen. „Im Auftrage der Stasi." Mein Magen krampft sich zusammen wie bei der Vorstellung, daß man mir einen Körperteil amputieren wolle, in diesem Fall mein politisches Gewissen und meinen Stolz.

Der Stasi ist ein einfühlsamer Mensch. Er merkt, daß ich mit meinen Gedanken beschäftigt bin. „Jaja, Sallmann, das ist alles nicht so einfach, ich weiß. Aber wir mußten uns ja alle mal entscheiden."

„Wieso", frage ich in gequältem Scherzton, „waren Sie früher mal politischer Liedermacher?"

Er wirft mir einen verachtenden Blick zu: „Wissen Sie was, ich lasse Sie jetzt auf Ihre Zelle zurückbringen. Sie werden noch vor Ihrem Mitinsassen da sein, so daß niemand weiß, daß Sie mit mir gesprochen haben."

In der Zelle laufe ich stundenlang hin und her, kaue an den Fingernägeln, raufe mir die Haare. Mich quälen Skrupel. Ich bin so hilflos, so weich, zu weich gewesen bei diesem schweinischen Gespräch, vollkommen in der Haut der ertrinkenden Maus, die sich an den Strohhalm klammert. Und ich weiß, wenn ich diesen Stasi-Halm schwimmen lasse, komme ich unter sieben Jahren nicht frei.

Nachts kann ich nicht schlafen. Das Herz tut mir weh und schlägt bis zum Halse, sobald ich daran denke: Ich als Stasispitzel! Ich als Stasispitzel! Und ich komme davon nicht los. In meinem Kopf hat nichts anderes mehr Platz. Eine Zeitlang ertappe ich mich dabei, wie ich mir einrede, auch als Spitzel menschlich sauber bleiben zu können. Sauber!
Überhaupt, wie stellt sich die Stasi solch ein Theater vor? Nachmittags trete ich als Friedhelm Meier auf und lasse mich fürs Ausschleusen anwerben, und am Abend singe ich irgendwo in Leipzig, vielleicht vor den Anwerbern, als Sallmann meine Lieder.

Am Morgen lächele ich nicht einmal mehr über den verrücktesten Witz meines Zellenmitinsassen, der wohl gemerkt hat, daß mit mir etwas nicht stimmt. Im Verlaufe dieses Tages bin ich zweimal so weit, daß ich sage? Scheiß drauf! Ich mach's. Ich komm' schon wieder los, wenn ich draußen bin. Danach wird mir jedesmal so übel, daß ich meinen Entschluß wieder zurücknehme, nur, um mich ein bißchen wohler zu fühlen.

Ich versuche mir vorzustellen, wie mich die Stasi völlig in der Hand hätte, wollte ich draußen wieder meine Lieder singen, wie sie mir, vorausgesetzt, ich täte nicht genau das, was sie von mir verlangte, meine Freundschaften und Bekanntschaften kaputtmachen würde, indem sie auf geschickte Art verbreiten ließe, ich stände in ihrem Dienste.
Dann wieder komme ich an einen Punkt, wo ich mich abermals zum Spitzel durchgerungen habe. In der Nacht haste ich wie ein Gejagter in der Zelle auf und ab. Im Dunkeln blicke ich in den Spiegel. Daraus blickt mich der Stasispitzel Sallmann an. Ich flüchte vor mir auf die Pritsche. Am liebsten möchte ich mir den Kopf an der Wand zerschlagen, nur, damit ich endlich Ruhe habe!
Als ich es gar nicht mehr aushalte und mir zur Gewißheit wird, ich sei nun ein Spitzel und käme alsbald mit anderem Namen in eine andere Zelle zu Leuten, die ich pausenlos belügen muß, versuche ich mir einzuhämmern: NEIN! Mit mir nicht! Hier endet eure Macht. Vor meinem Gehirn macht sie halt, das knackt ihr nicht, das nicht. Dreimal oder viermal spreche ich diese Worte laut vor mich hin. Ich schrei sie fast, so daß mein Zellenkamerad aufwacht und erschrocken fragt, ob es jetzt soweit wäre. „Klar, jetzt bin ich soweit, Kumpel", antworte ich. „Die Schweine, mich kriegen sie nicht!"
Bei diesen Worten fühle ich mich wieder etwas besser.
Durch meinen Krach ist der Posten aufmerksam geworden. Er brüllt durch die Tür: „Nummer zwo, legen Sie sich sofort hin und sind se still!"

Aber der kann mir die Stimmung nicht vermiesen: „Halt's Maul, Paul."

Zur nächsten Vernehmung teile ich meinem Stasi, der erstaunt tut, mit, daß er seinen Vorgesetzten ausrichten solle, aus mir und der Stasi würde kein Liebespaar. Und ich kann ihm nun wieder, mit mir einigermaßen zufrieden, in sein leicht säuerliches Gesicht grinsen.

Wolfgang Hinkeldey
„Klärung eines Sachverhalts"

1. Die Verhaftung

Sonnabend, der 11.12.1976. Gegen 7.30 Uhr klingelt es. Ich habe mit ihnen gerechnet. Gestern war die letzte Haussuchung. Diesmal erfolgreich, für sie. Ich steige aus dem Bett, stolpere in die Hosen. Meine Freundin wird wach. Noch einmal durchatmen. Ich öffne die Wohnungstür. Draußen stehen drei Typen.
„Sind Sie Herr Hinkeldey?"
„Ja."
„Ihren Personalausweis!" . . .
„Ziehen Sie sich an. Sie kommen mit zwecks Klärung eines Sachverhalts."
So ist das also. Wie oft habe ich diesen Moment in Gedanken schon durchgespielt. Jetzt habe ich trotzdem Angst. Ich ziehe mich an. Meine Freundin blickt verstört aus den Kissen. Noch einen Kuß. Ich stecke die Schachtel Zigaretten ein. Der letzte Blick.

Ein Stasi-Beamter bleibt in der Wohnung. Die beiden andern führen mich raus in einen Pkw. Vorn sitzt ein Fahrer, hinten nehmen sie mich in ihre Mitte. Die letzte Fahrt durch Jena endet im Stasi-Bau am Anger. Ich muß warten. Ein junger dynamischer Typ beobachtet mich über sein vorgehaltenes ND hinweg. Dann legen sie mir Handschellen an, ich werde wieder in einen Pkw verfrachtet und nach Gera in die Bezirksdienststelle der Staatssicherheit gebracht.

2. Das erste Verhör

In einem kleinen Raum muß ich warten. Eine Couch steht darin, ein alter Safe, ein Kleiderschrank, ein Tisch und zwei Stühle. Das Fenster ist von außen vergittert. Der erste Schnee fällt. Die Tür steht offen. Davor sitzt ein Uniformierter mit Maschinenpistole. Ich kann rauchen.

Ein etwa Dreißigjähriger in Zivil kommt rein, schließt die Tür und setzt sich mit einem Schreibblock mir gegenüber.

„Sie sind also der Ditsche. Na, dann wollen wir mal loslegen."

Zuerst die Personalien. Dann will er wissen, warum ich „das Zeug" im Keller unter den Kohlen versteckt habe. Es folgen allgemeine Fragen nach meinen politischen Ansichten, meinen Vorstellungen einer Veränderung der gesellschaftlichen Zustände in der DDR. Ich soll die Jenaer Oppositions-Szene einschätzen, einzelne Personen politisch charakterisieren. Er will von mir „Kurzzeit- und Langzeitprogramm" wissen. Welche Rolle spielten Biermann, Fuchs und Havemann? Wer sind in Jena die führenden Köpfe? Verbindungen zu anderen Städten, mit welchen konkreten Personen? Wie kam es zur Unterschriftensammlung gegen die Biermann-Ausbürgerung? Wer waren die Aktivisten? Welche Rolle spielte ich selbst?

Ich antworte naiv und bagatellisiere. Er macht sich Notizen. Jemand bringt einen Teller mit belegten Broten und zwei Flaschen Cola herein.

Nach etwa drei Stunden kommt wieder ein anderer Typ ins Zimmer und hält mir eine Mappe mit Zeitungsausschnitten unter die Nase. Sie ist bei Artikeln über den 25. Jahrestag des MfS aufgeschlagen, die mit Unterstreichungen und Randglossen versehen sind. „Ist das Ihr Werk?" brüllt er mich an. Ja, es ist mein Werk. Alles Material aus DDR-Zeitungen, viele journalistische Kostbarkeiten sind dabei. Er verschwindet wieder.

Der verhörführende Stasi fragt mich, ob ich im Fernsehen Biermanns Köln-Konzert gesehen habe. „Sie brauchen keine Angst zu haben, wir wollen aus Ihnen kein Wildschwein machen."

Nach der Mittagspause läßt er durchblicken: Gegen mich wird ein Ermittlungsverfahren eingeleitet. Er faßt seine Notizen zu einem Protokoll zusammen. Ich soll korrigieren und unterschreiben. Wir verhandeln über einige Formulierungen. Es scheint ihm fürs erste nicht darauf anzukommen, daß ich möglichst viel nach dem Strafgesetzbuch Belastendes von mir gebe. Ich unterschreibe. Dann versucht er locker mit mir zu plau-

dern und läßt mich anschließend mit einer Staatsanwältin allein.
Sie verliest mir den Haftbefehl: „. . . Wegen Vervielfältigung und Verbreitung staatsfeindlicher Schriften . . . ", „aktiver Behinderung der Ermittlungen des MfS . . . ", „Aktivitäten gegen die sozialistische Staatsmacht" werde ich „wegen Verdunklungsgefahr" in Untersuchungshaft genommen.

Dann werde ich in einen anderen Raum geführt. Der Stasi-Beamte diktiert einer Sekretärin das Protokoll in die Maschine. Ich erfahre meinen Paragraphen:

106 Staatsfeindliche Hetze

(1) Wer mit dem Ziel, die sozialistische Staats- und Gesellschaftsordnung der DDR zu schädigen oder gegen sie aufzuwiegeln,
1. Schriften, Gegenstände oder Symbole, die die staatlichen, politischen, ökonomischen und anderen gesellschaftlichen Verhältnisse der DDR diskriminieren, einführt, herstellt, verbreitet oder anbringt;
2. Verbrechen gegen den Staat androht oder dazu auffordert, Widerstand gegen die sozialistische Staats- und Gesellschaftsordnung der DDR zu leisten;
3. Repräsentanten oder andere Bürger der DDR oder die Tätigkeit staatlicher oder gesellschaftlicher Organe und Einrichtungen diskriminiert;
4. den Faschismus oder Militarismus verherrlicht,

wird mit Freiheitsstrafe von einem Jahr bis zu fünf Jahren bestraft.

(2) Wer zur Durchführung des Verbrechens Publikationsorgane oder Einrichtungen benutzt, die den Kampf gegen die DDR führen, oder das Verbrechen im Auftrage derartiger Einrichtungen oder planmäßig durchführt, wird mit Freiheitsstrafe von zwei bis zu zehn Jahren bestraft.

(3) Im Fall des Abs. 1, Ziffer 3 ist der Versuch, in allen anderen Fällen sind Vorbereitung und Versuch strafbar.

Er schenkt mir eine Schachtel Filterzigaretten. An der Wand hängt ein farbiges Poster von Karl Marx. Draußen ist es inzwischen dunkel. Ich muß noch die fünf Exemplare des Protokolls unterschreiben. Der Stasi verschwindet mit der Bemerkung „Wir sehen uns ja noch" und überläßt mich dem Haftrichter. Der erklärt mir noch einmal, daß ich in Untersuchungshaft genommen werde und dagegen innerhalb von 14 Tagen Beschwerde beim zuständigen Staatsanwalt einlegen kann. Dann verliest er mir ein paar Paragraphen der Strafprozeßordnung, die meine „Rechte" und Pflichten beinhalten.

Nach einigem Warten werde ich abgeholt. Drei Beamte in Zivil mit umgeschnallten Pistolen legen mir Handschellen an und begleiten mich zu einem kleinen Lieferwagen, der vor der Tür steht. Darin sind Zellen installiert, in denen man mit angezogenen Beinen gerade so sitzen kann. Die Fahrt geht ab.

3. Die Ankunft

Nach einer Stunde hält das Fahrzeug. Ich hatte erwartet, in die Geraer Stasi-Untersuchungshaft eingeliefert zu werden, doch ich war nicht mehr in Gera. Das Fahrzeug war auf der Autobahn gefahren. Erfurt oder Karl-Marx-Stadt, vielleicht sogar Leipzig?

Draußen unterhalten sie sich. Ich friere. Die Zelle wird aufgeschlossen. „Komm' Se!" Einer trägt meinen Anorak. Über ein paar Stufen werde ich in einen Eingang dirigiert. „Gehn Se!" In einem holzgetäfelten Gang stehen mehrere Uniformierte. Einer nimmt mir die Handschellen ab. Es geht durch mehrere Türen in einen kleinen Raum. Ich muß mich in eine Art Pferch stellen.
„Alles ausziehen, Sachen auf den Tisch legen!" Einer fingert alle Nähte und Winkel meiner Kleidung ab, ein anderer späht in die Öffnungen meines Körpers; verschiedene muß ich ihm zur Einsicht freilegen, meine Haare unter seinen prüfenden Blicken mehrmals durchkämmen.
Dann erhalte ich:

2 Handtücher
1 Waschlappen
1 Schlafanzug
1 Unterhemd
1 Paar Socken
1 Taschentuch
1 mal Bettwäsche
3 Decken

1 Trainingsanzug
1 Trinkbecher
1 Zahnbürste
1 Tube Zahncreme
1 Zahnputzbecher
1 Seife
1 Kamm

Meine Sachen kann ich, bis auf den Inhalt der Taschen, die Schnürsenkel und meinen Anorak, behalten. Was sie mir abnehmen, wird aufgeschrieben. Ich muß unterschreiben, dabei biegen sie den Kopf des Formulars um: Ich soll nicht wissen, wo ich mich befinde. Auf meine Frage danach, schnauzt einer „Das werden Sie schon früh genug erfahren – Komm' Se!"
Ich nehme meinen Packen auf und folge einem Uniformierten in das Zellengebäude, in eine zum Dach hin geöffnete Halle. Jede Etage besitzt an den Seiten Stege, die von einer in der Mitte befindlichen Treppe zu erreichen sind. Alles ist mit Geländern versehen. Die Stege führen zu den Zellentüren. Das Ganze in den typischen, ekelhaften, grau-beigen Farben gehalten.

Es herrscht Ruhe. Wie viele mögen hinter all diesen Türen sitzen? In den beiden oberen Etagen stehen Uniformierte und rauchen. Während ich die Treppe hochsteige, mustern sie mich. Ganz oben ist auch eine Frau dabei. Mein Begleiter schließt mit einem riesigen Schlüsselbund eine Zelle auf. Er weist auf das linke der beiden unbelegten Betten: „Das ist Ihrs. Sie sind die eins. Das ist der Verwahrraum 51." Ich soll das Bett beziehen. Die „Klamotten" kommen in den Schrank. Ich höre noch: „Zum Duschen fertigmachen!" Er schließt ab. Ein fürchterliches Gerassel. Ich setze mich aufs Bett. Das ist sie also, die Zelle, und jetzt bin ich drin. Was wird nun? Hier irgendwo liegen K. und die andern, die schon vor drei Wochen verhaftet wurden.

Die Tür rasselt. Ich schrecke hoch, nehme schnell Handtuch und Seife. Ein Uniformierter weist mir mit dem Schlüssel die Richtung. Eine gekachelte Zelle steht offen. Das Wasser, das aus einer der beiden Duschen sprüht, ist zuerst hundekalt. Ich soll mich beeilen. Dann zurück in die Zelle. Der Uniformierte zeigt mir das Lichtzeichen, mit dem ich meine Wünsche anmelden soll. „Sie legen sich dann sofort hin." Das Licht muß ich in der ersten Nacht brennen lassen. „Ansonsten herrscht Ruhe!" Ich soll nicht rufen, pfeifen oder klopfen. Weitere Anweisungen begreife ich erst einmal nicht. „Alles andere morgen." Er schließt ab.

Schlafen kann ich nicht und wälze mich auf der zerbeulten Matratze hin und her. Im Kopf jagen die Gedanken: Hätte ich doch das Zeug nicht im Keller versteckt, dann hätten sie keinen Anlaß gehabt. Nun ist es zu spät.
Im Abstand von zehn Minuten lugt ein Augenpaar durch den Spion in der Tür.
War das vielleicht eine zweite Verhaftungswelle, überlege ich. Räumen sie nun noch einmal richtig auf? Wer kann außer mir noch verhaftet worden sein? Wann werde ich das erfahren?

4. Die Anstaltsordnung

Nach dem Frühstück bekomme ich eine Broschüre herein. „Lesen Sie sich das gut durch!" Die Anstaltsordnung.
„Ordnungs- und Verhaltensregeln . . . Disziplin . . . Hygiene" lese ich. „In Übereinstimmung mit den Festlegungen des leitenden Staatsanwaltes" kann ich mit Familienangehörigen in Briefwechsel treten und Besuch empfangen. Mir ist untersagt, „ . . . zu lärmen, zu pfeifen, zu klopfen, zu rufen, zu singen oder auf andere Weise die Ruhe und Ordnung zu stören." Verboten ist, „ . . . in jeder Form der Zeichengebung oder anderwertig mit Inhaftierten anderer Verwahrräume in Verbindung zu treten, aus dem Fenster zu winken, zu rufen oder sich in anderer Form bemerkbar zu machen, sowie Gegenstände aus dem Fenster zu werfen."
– Totale Isolation.
„Verwahrräume", das sind also die Zellen.
Auch Zynismus: „Den Inhaftierten ist es untersagt, die ihnen zugewiesenen Räume oder Bereiche ohne Erlaubnis zu verlassen."
Weiter ist verboten, „Aufzeichnungen jeder Art ohne Genehmigung anzufertigen oder aufzubewahren, andere als ausgehändigte oder überlassene Gegenstände zu besitzen."
„Die Angehörigen der Untersuchungshaftanstalt sowie die Untersuchungsführer sind mit ‚Herr' bzw. ‚Frau' und Dienstgrad anzusprechen. Beim Gespräch ist eine aufrechte Haltung einzunehmen."
Soll ich bei den Verhören etwa stehen?!
„Die Entbietung des Tagesgrußes an die Angehörigen der Untersuchungshaftanstalt (UHA) ist zu unterlassen."
„Beim Öffnen bzw. Betreten des Verwahrraumes durch Angehörige der

UHA haben sich die Inhaftierten von ihren Plätzen zu erheben, ihren Standort in der Nähe des Fensters einzunehmen, ihr Gesicht der Tür zuzuwenden und die Hände locker an die Seite der Oberschenkel zu legen. Die Betten sind nur während der Ruhezeiten und in der festgelegten Bekleidung zu benutzen. Während der Ruhezeiten ist das Gesicht nicht mit der Schlafdecke zu bedecken. Nach der Ruhezeit sind die Betten einheitlich in der festgelegten Form zu ordnen."

„Persönliche Verbindungen werden durch den Staatsanwalt oder in seinem Auftrag genehmigt. Im Briefverkehr und beim Besuch können sich Inhaftierte über persönliche, betriebliche und gesellschaftliche Probleme austauschen. Es ist untersagt, dabei über die mit dem Strafverfahren oder anderen Straftaten im Zusammenhang stehenden Probleme, über Angelegenheiten der Vollzugseinrichtungen, über Angehörige der UHA und des Untersuchungsorgans oder über andere Inhaftierte zu schreiben oder zu sprechen.
Es ist untersagt, ohne Erlaubnis Gegenstände von Besuchern zu empfangen oder an diese zu übergeben. Körperlicher Kontakt zwischen Inhaftierten und Besuchern ist grundsätzlich nicht gestattet. Der Besuch wird abgebrochen, wenn die Beteiligten durch ihr Verhalten den Zweck der U-Haft oder die Ordnung und Sicherheit der UHA gefährden, insbesondere, wenn gegen die vorstehenden Verbote verstoßen wird."

Ich gebe die Broschüre zurück, muß dabei unterschreiben, daß ich die Anstaltsordnung „zur Kenntnis" genommen habe. Etwas später lassen sie mich einen Personalbogen ausfüllen und dazu einen kurzen Lebenslauf schreiben. Nachmittags wird die Unterschrift unter die Verpflichtung gefordert, daß ich die Anstaltskleidung pfleglich behandele. Auf einem kleinen Zettel soll ich eine „Stellungnahme zur Straftat" abgeben. Ich schreibe, daß ich in den mir vorgeworfenen Handlungen auf Grund meines Rechtsempfindens keine Straftat erblicken kann.

Der Hocker ist hart, die Wand als Lehne zu kalt. Meist laufe ich unruhig in der Zelle auf und ab. Als ich für ein paar Minuten auf den Matratzen des unbenutzten zweiten Bettes sitze, wird die Klappe geöffnet: „Wolln Sie die Anstaltsordnung gleich noch einmal lesen?! – Zum Sitzen sind die Hocker da!"

6. Der neue Paragraph

Mein „Vernehmer" steckt mir Anfang Mai, daß das Ermittlungsverfahren gegen mich und die anderen sieben Jenaer Ende des Monats auf Paragraph:

107 Staatsfeindliche Gruppenbildung

(1) Wer einer Gruppe oder Organisation angehört, die sich eine staatsfeindliche Tätigkeit zum Ziel setzt, wird mit Freiheitsstrafe von zwei bis zu acht Jahren bestraft.
(2) Wer eine staatsfeindliche Gruppe oder Organisation bildet oder deren Tätigkeit organisiert, wird mit Freiheitsstrafe von drei bis zwölf Jahren bestraft.
(3) Der Versuch ist strafbar.

erweitert und mit diesem Paragraphen abgeschlossen wird. Die Verhöre beziehen sich von da an verstärkt auf diesen Paragraphen, Aufhänger hierfür ist der in Jena von 1975 bis zu unserer Verhaftung privat geführte „Lesekreis".

Gegen Ende des Monats werde ich einem Richter vorgeführt. Er setzt mich von der Erweiterung der Anklage offiziell in Kenntnis und verliest mir die Begründung. Dann muß ich unterschreiben, daß ich alles „zur Kenntnis" genommen habe. Mit den anderen geschieht das Gleiche. Nach dieser Prozedur werde ich in das übliche Verhörzimmer gebracht. Neben dem mir vertrauten Stasi-Beamten sitzt dort noch ein Fremder, der sich als der „Vernehmer" meiner ehemaligen Frau Kerstin vorstellt, die ebenfalls mit einsitzt. Beide unterrichten mich davon, daß Kerstin, die bisher nichts vom § 107 gewußt hatte, die Erweiterung heute mit einem ziemlichen Schock aufgenommen habe. (Für sie bedeutet das eine Erhöhung der Mindeststrafe auf zwei Jahre.) Sie sagen mir, daß sie sich gedacht hätten, Kerstin durch eine Unterhaltung mit mir zu beruhigen. Ich solle mir Mühe geben. Sie hatten Kaffe besorgt und ich kann eine Stunde mit ihr reden.

Thomas Auerbach
Dunkel

Du liegst. Das Licht, dieses unwirklich flimmernde Neonlicht, ist aus. Endlich.
Dieses Licht, das selbst noch die wenigen trüben Farben hier verblassen läßt. Es ist eine Wohltat, jetzt im Dunkel die Augen zu öffnen. Nach ein paar Minuten, deine Augen haben sich an die Finsternis gewöhnt, siehst du an der Decke über dir das Schattenmuster der Gitterstäbe vor dem Fenster.
Das „Fenster" – du haßt es und du liebst es.
Gewöhnlich sind Fenster da, sie zu öffnen, hinauszusehen.
Durch dieses kannst du nicht sehen. Es besteht aus vollkommen verdeckten Glasziegeln. Eine Klappe ist so angebracht, daß du zwar ein wenig, aber eben nur ganz wenig Luft einlassen kannst. Das Tageslicht dringt selbst mittags nur spärlich ein. Deshalb bist du sechzehn Stunden täglich dem Neonlicht ausgeliefert.
Nicht um zu sehen, bei diesem Licht kannst du kaum lesen, sondern um gesehen zu werden. Alle drei bis vier Minuten spähen sie durch den panzerverglasten Schlitz in der Tür. Auch nachts. Aber das ist dir jetzt egal, du liegst. Sechzehn Stunden hast du auf dem Hocker an der hinteren Zellenwand gesessen oder bist hin und her gelaufen. Jetzt darfst du liegen und das Licht ist aus – endlich.
Tagsüber darfst du dich nicht auf die Pritsche legen, auch nicht setzen. Wenn du trotzdem dabei erwischt wirst, bekommst du im Wiederholungsfall Arrest.

Du wälzt dich auf den Bauch, vergräbst den Kopf in deinen verschränkten Armen und hast fast ein Gefühl des Behagens.
Nachtruhe ist befohlen. Jetzt darfst du. Das flüchtige Behagen wird jäh unterbrochen. Das Licht geht wieder an. Der Posten späht in die Zelle. Du siehst nicht hin, aber jetzt spürst du den Blick, den du tagsüber kaum noch wahrnimmst, peinigend in deinem Rücken. Was glotzt der so lange? Wann macht der endlich das Licht wieder aus? Ist etwas nicht in Ordnung? Hast du die Klamotten nicht nach Vorschrift auf den Hocker geschichtet und den Hocker neben deine Pritsche gestellt und die Handtücher an die beiden dafür bestimmten Haken gehängt?
Du möchtest schreien. Scheiße, Scheiße, mach das Licht aus, du Sau, du dreckiger Hund! Laßt mich doch endlich in Ruhe!
Aber du schreist nicht. Du läßt dich doch von dem nicht provozieren. Du hast diesen Tag durchgehalten und mußt wahrscheinlich noch Jahre durchhalten. Bleib ruhig. Du brauchst deine Kraft.
Jetzt ist es wieder dunkel. Jetzt hast du ein paar Minuten Zeit, dir eine Zigarette zu drehen und sie hastig hinter vorgehaltener Hand zu rauchen. Das ist während der Nachtruhe ebenfalls streng verboten.
Instinktiv spürst du, wann du die Zigarette ausmachen mußt, ehe das nächste Mal das Licht eingeschaltet wird. Einige Minuten lang bist du entspannt. Die Schmerzen in deinem Rücken lassen nach. Du hörst auf die Geräusche dieses Hauses, die du jetzt genau kennst, die du aber am Anfang als Neuling nicht einzuordnen wußtest. Da ist das Klopfen. Links, rechts, über und unter dir scheinen hinter den Mauern hundert verschüttete Bergleute verzweifelt Signale zu geben. Für dich jedoch hat dieses Klopfen etwas Beruhigendes. Die ersten Tage, als du die Klopfzeichen noch nicht verstehen konntest, als du schlafen wolltest und keine Ruhe fandest, hat dich das Klopfen noch gestört und beunruhigt. Jetzt verstehst du die Signale. Sie sind die einzige einigermaßen ungefährliche Art, mit den Menschen in den Zellen über, unter oder neben dir Kommunikation zu haben. Viele Schicksale hast du auf diese Art erfahren und vielen hast du ebenso dein Schicksal mitgeteilt. Heute antwortest du nicht. Du bist mit dir beschäftigt.

Wie war das damals? Was ist seither geschehen? Was wird morgen sein, was nächste Woche, was in einem Jahr?
Deine Gedanken lassen sich nicht ordnen. Mal sind sie hier, mal sind sie außerhalb dieser Mauern. Sie sind bei Vergangenem, Gegenwärtigem und Zukünftigem. Aber immer ist in dir diese manchmal panische Angst

vor morgen und die bohrende, animalische Sehnsucht, draußen zu sein, frei zu sein. Beide empfindest du mit allen Sinnen wie eine schwere körperliche Verletzung. Und so kreisen alle deine Gedanken, wo sie auch sein mögen, wie ein Strudel um deine Angst und deine Sehnsucht.
Aber du weißt: In den Tiefen dieses Strudels lauern der Verrat, das Sichaufgeben, der Wahnsinn, der Selbstmord. Du darfst dem Sog nicht nachgeben.
Woher nimmst du bloß die Kraft, nicht unterzugehen, oben zu bleiben? Die Antwort darauf fällt dir schwer. Anderes ist dir jetzt wichtiger. Werden sie dich morgen wieder zum Verhör holen? Schon der Gedanke daran läßt deine Handflächen feucht werden. In dir, ganz tief im Unterleib, ist wieder dieses nicht zu beschreibende flaue Gefühl – die Angst.

Der Augenblick, wenn sie dich aus der Zelle holen, ist der schlimmste. Du hörst Schritte. Wird der Schließer vorbeigehen? Nein, er bleibt stehen und rasselt mit den Schlüsseln. – Was werden sie heute wissen wollen? – Die Riegel werden krachend geöffnet. Die Schlüssel fahren ins Schloß. Ehe er die Tür öffnet, späht der Schließer noch einmal mißtrauisch durch den Spion in die Zelle. „Eins! Mitkommen!"
Du wirst nur mit einer Nummer angeredet. Er blickt an dir vorbei und wartet, bis du – Gesicht zur Wand, Hände auf dem Rücken – neben ihm vor der Zelle stehst. Dann führt er dich zur Vernehmung. Vorbei an den Posten, die draußen auf den Galerien des Zellenbaus hin und her laufen, lauschend an den Zellentüren stehen oder sich leise miteinander unterhalten. Wenn du ihnen in die ausdruckslosen Gesichter siehst, wenden sie sich ab. Keiner kann dir in die Augen sehen.
Oft hast du über diese Menschen nachgedacht. Du kennst ihre Namen nicht. Untereinander reden sie sich nur mit dem Dienstgrad an. Trotzdem erkennst du jeden einzelnen an seiner Stimme, seinem Lachen, seiner Art zu laufen, seinem Räuspern. Jeder von ihnen macht beim Rumschleichen vor deiner Zelle nur ihm eigene Geräusche. Keinen von ihnen wirst du vergessen können. Du begreifst einfach nicht, wieso sich ein Mensch zu diesem Job hergeben kann. Machen sie das aus Überzeugung? Sind sie erpresst worden? Oder ist das für sie tatsächlich nur ein Job, bei dem sich gut verdienen läßt? Für die meisten trifft das letztere sicher zu. Für Geld und ein paar jämmerliche Privilegien würden sie alles tun, was befohlen wird und wahrscheinlich noch mehr. Ihre kleinlichen, unnötigen, unerträglichen Schikanen mußt du ja Tag und Nacht über dich ergehen lassen – schweigend, zähneknirschend. Und du hast die un-

menschlichen, tierischen Schreie aus der Arrestzelle stundenlang mit anhören müssen – hilflos, ohnmächtig.

Aber jetzt ist Ruhe. Das Klopfen hat aufgehört. Es ist Nacht, und du liegst immer noch wach. Wenn du doch schlafen, vergessen, träumen könntest.

Noch nie in deinem Leben hast du so schöne, lebhafte und bunte Träume gehabt wie hier. Umso furchtbarer ist jeden Morgen das Erwachen, die Rückkehr in die trostlose Realität innerhalb dieser Mauern.

Und draußen? Gibt es das alles noch: Wälder, Wiesen, einen weiten Horizont, blauen Himmel und Kinder und belebte Straßen, Musik und Tanzen, und wird eigentlich noch Bier gebraut und Wein getrunken und gut gegessen?

Du kannst es dir kaum vorstellen. Hier ist selbst beim kurzen Ausgang zwischen dir und dem Himmel noch Maschendraht. Der spärliche Fraß ist kaum zu genießen. Trotzdem verschlingst du das saure Brot und die stinkenden Wassersuppen jedesmal gierig und auch jetzt, in diesem Moment hast du Hunger. Dich hungert nicht nur nach körperlicher Nahrung. Dich hungert auch nach Zärtlichkeit, menschlicher Nähe, nach Liebe und Freiheit.

Das alles gibt es. Das alles fehlt dir. Obwohl in den Zellen um dich herum Mitgefangene sind, bist du jetzt furchtbar allein. Wie jeden Abend denkst du an die Menschen, die du liebst. Jeden einzelnen rufst du dir ins Gedächtnis, versuchst dich an Situationen, die du mit ihnen erlebt hast, zu erinnern. Du schließt die Augen und siehst Bilder, deutlich, bunt.

Dein Alltag draußen war eigentlich gar nicht so bunt. Viel eher grau, aufreibend und täglich ein neuer Kampf. Hier wird dir plötzlich klar, wie sehr du diesen grauen, aufreibenden Alltag und den täglichen Kampf brauchtest.

Doch draußen gab es Kampfpausen. Hier nicht. Oder doch? Sei nicht unsachlich, sagst du dir, auch hier gibt es Lachen, Minuten des Abschaltens, Schlaf, die Tasse Bohnenkaffee zur Vernehmung, das wöchentliche Buch, Kinderlachen von draußen, die Katze auf der Mauer beim Ausgang, deine Träume. Manchmal hast du beim Gang zur Vernehmung sogar einen kurzen Blick auf grüne Bäume außerhalb der Mauern erhascht. Aber all das können sie dir wegnehmen, verweigern, verbieten, vergällen. Sie können dich physisch und psychisch vernichten. Was hindert sie daran?

Du weißt es! Ihre Schwäche. Doch dieses Bewußtsein hilft dir nur bedingt gegen deine Angst, deine Sehnsucht. Und gerade jetzt hast du Sehnsucht nach der Frau, die du liebst. Du möchtest zu ihr. Du siehst ihr Gesicht. Du hörst ihr Lachen. Du riechst den Duft ihres Haares. Sie ist ganz nah. Fast spürst du ihren Körper. Zärtlich gleiten deine Hände durch ihr langes, schweres Haar, über ihren Hals, ihre Schultern, ihre Brüste und Hüften. Ganz fest möchtest du sie an dich pressen und – deine Hände greifen ins Leere. Das Licht geht an. Der Posten späht in die Zelle. „Eins, haben Sie Schwierigkeiten", sagt er höhnisch.

Nachdem wieder Dunkel ist, drehst du dich gehetzt zur Wand und onanierst hastig unter deiner Decke, bevor das nächste Mal das Licht angeht.

Werner Markowsky
BRIEF AN BERND IN DIE U-HAFT

morsezeichen zum anderen wende-kreis

brief flaschenpost gruß seit sechzehn
wochen lang wie jahre nachricht aus robinsons
eiserner insel ohne freitag in schwärzlicher höhle
(weiß seitdem ist mein haar und zerrauft)
insel ich komme mit schwachen armen gerudert
über das saure meer trotzend dem dogma der stürme
komme dich sehen sprechen mit dir singen
hymnen auf die menschliche güte verläßlichkeit und
allmacht des rostens
nachricht ist gegeben allen korallen
zu bauen atolle rings um ferne insel
daß ihn nicht schlinge die alles fressende
wogende maßlose flut sondern erhalten er bleibt
mit trompete schallt botschaft gefiederten sängern
zur reveille sammeln zu hundert tausend aber tausend
schließt gespaltenen himmel ende poetischen zwitscherns
spitzt schnäbel scharf zum nützlichen sturz auf den
abscheulichen stumpfsinn der saat- raben- nebelkrähen
und das ohrentäubende gekrächz
ende der blüte bringt neues erblühen
bunter uns leuchtend als je auf die iris gemalt
pause der ästhetik ist atemausschöpfen für neue
knospen der schönheit lust auf leben liebe gesang
wenn fort ich bin komme du wieder als bringer
des südwinds komm mit dem lenz
frühling komm streitbar doch bald

(Am 9.3.1977 vom zuständigen Staatsanwalt beschlagnahmt; auf Betreiben meines Anwalts an meinen Vater zurückgegeben – Bernd Markowsky)

Bernd Markowsky
Nachsatz

I.

Der Schriftsteller ist dem *furchtbarsten Terrorismus*, der *Jurisdiktion des Verdachts*, anheimgefallen.

Tendenzgesetze, Gesetze, die keine objektive Norm geben, sind Gesetze des Terrorismus, wie sie die Not des Staats unter Robespierre und die Verdorbenheit des Staats unter den römischen Kaisern erfunden hat. Gesetze, die nicht *Handlung als solche*, sondern die Gesinnung des Handelnden zu ihren Hauptkriterien machen, sind nichts als *positive Sanktionen der Gesetzlosigkeit*. Lieber wie jener Zar von Rußland jedem den Bart durch offizielle Kosaken abscheren lassen, als die Meinung, in der ich den Bart trage, zum Kriterium des Scherens machen.

Nur insofern ich mich äußere, in die Sphäre des Wirklichen trete, trete ich in die Sphäre des Gesetzgebers. Für das Gesetz bin ich gar nicht vorhanden, gar kein Objekt desselben, außer in meiner *Tat*. Sie ist das einzige, woran mich das Gesetz zu halten hat; denn sie ist das einzige, wofür ich ein Recht der Existenz verlange, ein *Recht der Wirklichkeit*, wodurch ich also auch dem *wirklichen Recht* anheimfalle.

Allein das Tendenzgesetz bestraft nicht das, was ich tue, sondern das, was ich *außer* der Tat meine. Es ist also ein Insult auf die Ehre des Staatsbürgers, ein Vexiergesetz gegen meine Existenz.

Ich kann mich drehen und wenden wie ich will, es kommt auf den Tatbestand nicht an.

Meine Existenz ist verdächtig, mein innerstes Wesen, meine Individualität wird als eine schlechte betrachtet, und für *diese Meinung* werde ich *bestraft*; Das Gesetz straft mich nicht für das Unrecht, was ich tue, sondern für das Unrecht, was ich nicht tue.

II.

Die Bürokratie ist der „Staatsformalismus" der bürgerlichen Gesellschaft. Sie ist das „Staatsbewußtsein", der „Staatswille", die „Staatsmacht" als eine Korporation, also eine *besondere, geschlossene* Gesellschaft im Staat. Der bürokratische Geist ist ein durch und durch jesuitischer, theologischer Geist. Die Bürokraten sind die Staatsjesuiten und Staatstheologen. Die Bürokratie ist die Pfaffenrepublik.

Da die Bürokratie der „Staat als Formalismus" ihrem *Wesen* nach ist, so ist sie es auch ihrem Zweck nach. Der wirkliche Staatszweck erscheint also der Bürokratie als ein Zweck *wider* den Staat. Der Geist der Bürokratie ist der „formelle Staatsgeist." Sie macht daher den „formellen Staatsgeist" oder die *wirkliche* Geistlosigkeit des Staates zum kategorischen Imperativ. Die Bürokratie gilt sich selbst als der letzte Endzweck des Staates.

Da die Bürokratie ihre „formellen" Zwecke zu ihrem Inhalt macht, so gerät sie überall in Konflikt mit den „reellen" Zwecken. Sie ist daher genötigt, das Formelle für den Inhalt und den Inhalt für das Formelle auszugeben. Die Staatszwecke verwandeln sich in Bürozwecke oder die Bürozwecke in Staatszwecke. Die Bürokratie ist ein Kreis, aus dem niemand herausspringen kann. Ihre Hierarchie ist eine *Hierarchie des Wissens*. Die Spitze vertraut den unteren Kreisen die Einsicht ins Einzelne zu, wogegen die unteren Kreise der Spitze die Einsicht in das Allgemeine zutrauen, und so täuschen sie sich wechselseitig.

Die Bürokratie hat das Staatswesen, das spirituelle Wesen der Gesellschaft in ihrem Besitze, es ist ihr *Privateigentum*. Der allgemeine Geist der Bürokratie ist das *Geheimnis*, das *Mysterium*, innerhalb ihrer selbst durch die Hierarchie, nach außen als geschlossene Korporation bewahrt. Der offenbare Staatsgeist, auch die Staatsgesinnung, erscheinen daher der Bürokratie als ein *Verrat* an ihrem Mysterium. Die Autorität ist das Prinzip ihres Wissens, und die Vergötterung der Autorität ist ihre Gesinnung. Innerhalb ihrer selbst aber wird der *Spiritualismus* zu einem *krassen Materialismus*, dem Materialismus des passiven Gehorsams, des Autoritätsglaubens, des *Mechanismus* eines fixen formellen Handelns, fixer Grundsätze, Anschauungen, Überlieferungen. Was den einzelnen Bürokraten betrifft, so wird der Staatszweck zu seinem Privatzweck, zu einem *Jagen nach höheren* Posten, zu einem *Machen von Karriere.* Der Staat existiert nur mehr als verschiedene fixe Bürogeister, deren Zusammenhang die Subordination und der passive Gehorsam ist. Die *wirkliche* Wissenschaft erscheint als inhaltlos, wie das wirkliche Leben als tot. Der Bürokrat hat in der Welt ein bloßes Objekt seiner Behandlung.

III.

– Das hier haben wir bei Ihnen gefunden, ist das Ihre Schrift? Ist das von Ihnen?
– Nein, von Karl Marx, aus den „Bemerkungen zur preußischen Zensurinstruktion“ und der „Kritik des Hegelschen Staatsrechts“.
– Das wissen wir selbst, steht ja auch drunter. Wir wollen wissen, ob Sie das abgeschrieben haben!
– Ja, sicher.
– Warum!?

Die Autoren

Thomas Auerbach, geboren am 26.7.1947 in Leipzig, nach Abschluß der 10. Klasse von 1964 bis 1967 Lehre als Elektromonteur bei der Deutschen Reichsbahn/Starkstrommeisterei Aue, von 1967 bis 1970 Ausbildung zum Diakon am Johannes-Falk-Haus in Eisenach, seit 1970 Jugendleiter der Evangelisch-Lutherischen Kirchengemeinde Jena, besonderes Engagement in der „offenen Jugendarbeit" mit Schülern, Lehrlingen und sozial gefährdeten Jugendlichen, seit 1974 Kontakt und Zusammenarbeit mit jungen Marxisten, im November 1976 Inhaftierung im Zusammenhang mit Protesten gegen die Ausbürgerung Wolf Biermanns, im September 1977 Abschiebung aus der Untersuchungshaft nach Westberlin.

Wolfgang Hinkeldey, geboren am 16.10.1952 in Jena. Vater Dachdekker, Mutter Hilfsarbeiterin, 10 Jahre Schule, Facharbeiterabschluß als Elektriker nach 2 Jahren Lehre, 18 Monate Armeepflichtdienst bei der Bereitschaftspolizei, dann als Hausmeister im Städt. Museum Jena und als Beleuchter am Stadttheater gearbeitet. Von 1973 bis zur Auflösung 1975 Mitarbeit im „Arbeitskreis Literatur" in Jena. Dessen kritische Tendenzen führten zum Verbot der Arbeit dieses Zirkels. In diesem Zusammenhang geriet ich in Kollision mit staatlichen Behörden. Am 11.12.1976 Verhaftung durch die Staatssicherheitsorgane. Anlaß: Verhaftungswelle einer Säuberungsaktion nach der Biermann-Ausbürgerung. Ermittlungen wegen „staatsfeindlicher Hetze" und später „staatsfeindlicher Gruppenbildung". Am 2.9.1977 ohne gerichtlichen Prozeß aus der U-Haft nach Westberlin abgeschoben, z.Zt. Hilfsarbeiter.

Marian Kirstein, geboren am 23.8.1953 in Berlin-Ost. 1960-1970 Zehnklassenschule, 1970 Beginn einer Lehre in Leipzig als Galvaniseur mit Abitur, März 1971 Rausschmiß, von September 1971 bis Februar 1974 Lehre als Elektronikfacharbeiter für Nachrichtenelektronik in Berlin, im August 1974 nach Gera übergesiedelt, u.a. als Reparaturmechaniker tätig, im Frühjahr 1975 nach Jena gezogen, dort als Lagerist, Packer und Briefträger tätig gewesen. Am 19.11.1976 Verhaftung durch das Ministerium für Staatssicherheit, der Anlaß war die

Beteiligung an der Organisation einer Informations- und Protestveranstaltung gegen die Ausbürgerung Biermanns. Ohne gerichtlichen Prozeß am 2.9.1977 aus der U-Haft nach Westberlin abgeschoben.

Gerd Lehmann, geboren 1952 in Altdöbern, Schulabschluß 1968, Elektrosignalschlosser-Lehre, Arbeit in verschiedenen Berufen, zwischendurch Abitur, nach Armeedienst Verhaftung im November 1976 wegen „staatsfeindlicher Hetze" (Unterschriftenaktion gegen Ausbürgerung Wolf Biermann), im September 1977 nach Westberlin abgeschoben.

Bernd Markowsky, 1951 in Greifswald geboren, 10 Jahre Schule, Buchdruckerlehre, Abitur bei der Volkshochschule, Buchdrucker, Schlosser, Soldat, Buchverkäufer, Wäschereiarbeiter, Briefträger, Fräser. Seit 1974 Mitglied im Jenaer „Arbeitskreis Literatur", im November 1976 nach einer Protestaktion gegen die Biermann-Ausbürgerung verhaftet, nach 9 Monaten zum Verlassen der Republik erpreßt. Jetzt Offsetdrucker in Westberlin.

Michael Sallmann, geboren am 7.4.1953 in Karl-Marx-Stadt, Schulbesuch von 1959 bis 1969, danach Baumaschinistenlehre, 1971 Delegierung zum Ökonomiestudium nach Leipzig, erste Gedichte und Lieder, später Auftritte und Lesungen in Leipzig und im sächsischen Raum, 1974 Relegierung vom Studium wenige Wochen vor der Examensarbeit wegen Bekanntwerdens der Beziehungen zu Biermann und „antisozialistischer Aktivitäten im kulturellen Bereich". Ebenfalls 1974 Rauswurf aus der Leipziger „Songgruppe" und Entzug der in der DDR erforderlichen Auftrittserlaubnis, Arbeit als Kraftfahrer und Lagerarbeiter. Einzelne Gedichtveröffentlichungen in Zeitschriften und Anthologien, halblegale und illegale Auftritte im Leipziger Gebiet. Ab Mai 1976 Grundwehrdienst in der NVA/Leipzig. Nach Biermanns Ausbürgerung erneut illegale Auftritte, diesmal vor Soldaten und Offizieren der Kaserne. Im April 1977 Verhaftung durch das Ministerium für Staatssicherheit wegen „staatsfeindlicher Hetze" in Form von Liedern und Gedichten. Im September 1977 Zwangsabschiebung nach Westberlin ohne Prozeß. Lebt zur Zeit in Westberlin.

Zum Internationalen Kongreß für und über Rudolf Bahro

Umbruch in Osteuropa – Die sozialistische Alternative

vom 16.-19. November 1978 in Berlin laden ein: E. Altvater, R. Berger, W. Biermann, H. Brandt, R. Damus, R. Dutschke, O. K. Flechtheim, J. Fuchs, J. Hejlar, T. Kosta, E. Mandel, J. Moneta, O. Negt, P. v. Oertzen, J. Pelikan, G. Schröder.

Das „Komitee für die Freilassung Rudolf Bahros" hat einen Kongreß vorbereitet, der als eine internationale Manifestation der Solidarität mit Rudolf Bahro verstanden werden soll und ein Forum des Dialogs aller politischen Strömungen der Linken und ihrer Vertreter sein wird. Der Kongreß soll außerdem den Diskussions- und Erfahrungsaustausch von Emigranten osteuropäischer Länder ermöglichen. Wir haben deshalb namhafte Wissenschaftler(innen) und Politiker verschiedener Richtungen eingeladen: W. Abendroth, L. Althusser, E. Balucka (Polen, Paris), F. Claudin (Madrid), E. Eppler, J. Elleinstein, R. Jungk, K. Ludek (CSSR, Wien), E. Mandel, F. Marek (Wien), Z. Mlynar (CSSR), Pljuschtsch (UdSSR), R. Rossanda (Italien), B. Weil.

Der Kongreß soll die große theoretische Bedeutung unterstreichen, die Bahros Buch für den Marxismus, wie für die verschiedenen Richtungen der Arbeiterbewegung besitzt. Diese Bedeutung ergibt sich unabhängig davon, inwieweit den einzelnen Thesen und Schlußfolgerungen Bahros zugestimmt werden kann oder nicht. Das muß der umfassende Prozeß von Kritik und Diskussion selbst zeigen. Gelegenheit bieten dazu drei zentrale Podiumsdiskussionen auf dem Kongreß. Es sind zwei Plenardiskussionen und neun Arbeitsgruppen vorgesehen. Folgende Inhalte werden behandelt:

Podiumsdiskussion
- Die Oktoberrevolution und ihre Bedeutung für die heutige Linke
- Der Prager Frühling – Strukturbedingungen und Formen einer Systemkrise in Osteuropa
- Produktionsziel: Reich entwickelte Persönlichkeit!

Plenumsdiskussion
- Das Wechselverhältnis von revolutionärem/Reformprozeß in Ost- und Westeuropa
- Wer sind die Träger einer sozialistischen Veränderung in Osteuropa? Was sind ihre Formen?

Arbeitsgruppen
- Arbeiter und Intelligenz im Prozeß krisenhafter Aufbrüche in Osteuropa
- Ökonomie als „organisierte Verantwortungslosigkeit?"
- Sozialismus und westeuropäische Parteien
- Patriachat in den nichtkapitalistischen Gesellschaften und andere Themen.

Dieser Kongreß will organisiert und vor allem finanziert sein. Hinter ihm stehen keine Geldgeber und politische Mächte; mögen manche ihm dies auch unterstellen. Durch die persönliche Unterschrift und finanzielle Unterstützung möge jeder, Redaktionen und Verlage, Gewerkschaftsgruppen und Organisationen, Betriebsräte, Vertrauensleute, Redakteure, Abgeordnete ihre Solidarität bekunden.

Wer an dem Kongreß teilnehmen möchte oder weitere Informationen braucht, schreibt bitte an **J. Hodges, Fritz-Reuter-Str. 3, 1000 Berlin 62.** Der Teilnahmebeitrag beträgt DM 10.– und ist auf das **Postscheckkonto BlnW 251 73-103, Hajo Cornel, Sonderkonto** zu überweisen. Vorbereitungsmaterialien werden dann zugeschickt. Außerdem brauchen wir dringend Spenden in jeder Höhe.